KB089411

실전에서 바로 써먹는

패턴매매기법 주식 투자

Copyright ⓒ 2021, 장영한, 김성재, 장호철, 김기태
이 책은 한국경제신문 *i* 가 발행한 것으로
본사의 허락 없이 이 책의 일부 또는 전체를 복사하거나 무단 전재하는 행위를 금합니다.

실전에서 바로 써먹는
패턴매매기법
주식 투자

장영한, 김성재, 장호철, 김기태 지음

한국경제신문i

  인생을 살아가는 것에 답이 있지 않듯 주식을 매매하는 방법
엔 답이 없습니다. 그저 싸게 사서 비싸게 팔거나 조금 비싸게
샀더라도 더 비싸게 팔아서 이익을 낼 것으로 취하는 것만이 정
답이라면 정답이라고 말할 수 있을 것입니다. 또는 유리한 변동
성이 왔을 때 그것을 취하는 것만이 정답일 것입니다. 그런 간
단한 결과를 '실현'하는 데에 사람마다 저마다의 방법론을 들
고나옵니다.

  '모로 가도 서울만 가면 된다'라는 말이 있습니다. 주식 시장
에선 그 어느 사람의 방법을 가지고 하든지 간에 이익을 취하는
사람이라면 대학생이라 해도 스승으로 삼을 것입니다. 저는 오
로지 기술적인 방법만을 가지고 이익을 취하는 매매를 하면 된
다고 생각합니다.

  해외 선물, 해외 주식, 그리고 국내 주식도 손실을 적게 보고
이익이 적더라도 감지덕지해야 합니다. 그렇게 챙기고 나오는
수많은 경험을 통해서 체득해야 합니다. 저도 그 '경험'으로 나
온 원칙들을 굳건히 지키려고 애쓰는 그저 한 사람의 매매자일
뿐입니다.

1990년에 제가 선물을 배울 때는 인터넷도 없었고 경제 방송도 없었습니다. 국내엔 주식에 관한 책도 전혀 없는 상태였습니다. 미국에서 수입한 갖가지 기술적 분석 책만이 필자의 바이블이었고, 그 책을 보며 모의 매매와 실전 매매를 수없이 반복할 수밖에 없었습니다. 그 당시 나이로서는 큰돈을 레슨비로 내어 부단히 매매하며 시행착오를 겪고, 좌절하기도 했습니다. 그런데도 끊임없는 시도를 통해 나름의 매매 원칙이 생겼고, 그 원칙들이 정립됨에 따라 점차 세밀한 매매 원칙을 정립해 오늘에 이르렀습니다. 이제 만들어진 원칙은 다른 매매자의 멘토가 되어 '경험'을 나누어 주는 도제식 훈련의 매뉴얼이 되었습니다.

그렇게 해서 내린 결론은 매매는 경험의 산물이지, 강연 등의 방법으로 지식을 공유하는 것으로는 사람들을 변화시키지 못한다는 것입니다. 강연을 통해서 주식을 하려는 사람의 공감을 공유하고, 주식을 하기 위해 길을 찾는 사람에게 어떤 한 길을 보여줄 수 있을 뿐입니다. 결국 그 길을 걷는 것은 강연을 듣는 사람들의 몫이라는 것입니다.

따라서 저의 이 글도 길을 제시하는 방법일 뿐입니다. 그런데도 제가 제시하는 길을 공감하는 분들에겐 주식을 준비하기 위해선 그 길을 직접 걸어보라는 말밖에는 할 수가 없습니다.

그 길이 절박한 사람에겐 동아줄이 될 수도 있고, 그냥 하찮은 주식을 하는 한 방법일 수도 있습니다.

제가 기술적 분석을 통해서 살길을 찾은 간단한 이치를 잠깐 소개하고자 합니다. 처음 주식 시장이 생겼을 때를 거슬러 올라가 보겠습니다. 인터넷도, 전화도 없던 그 시절에는 주식을 하려면 주식을 하는 사람들이 모여 있는 곳으로 '이동'했을 것입니다. 주식 책이라는 것조차 없었을 것이고, 그저 사람의 입에서 나오는 정보만을 가지고 주식을 했겠지요. 컴퓨터는 꿈속에서도 생각하지 못할 도구였지 않았을까요?

당장 우리나라에서 1970년대에 주식을 하던 분들을 생각해보겠습니다. 증권사 직원조차 모눈종이에 주식 가격을 직접 그려가며, 본인도 매매하고 고객들한테 가격을 전달했을 것입니다. 증권사 객장에나 몰려들어야 주식 '가격'이라는 정보를 얻을 수 있었습니다. 하물며 그보다 더 앞선 시대, 서양에서는 더 원시적으로 주식의 '가격'을 얻었을 것입니다. 아마 전 세계 주식 시장의 동향에 대한 정보는 꿈도 꾸지 못했을 환경이 아니었을까요? 개별 기업의 정보는 단지 운 좋게 그 회사에 대해서 한두 마디 들은 다른 사람을 만났을 때만 얻을 수 있지 않았을까요?

하지만 명확한 것은 개별 기업의 정보는 모른다고 해도 각 회사의 가격 정보는 알고자 하는 사람들이 있다면 모두가 공유할 수 있었을 것입니다. 그 가격 정보는 모눈종이에 표준처럼 옮겨졌을 것이고, 주식을 하는 사람들이라면 그 가격에 추세선도 그어보고, 이중바닥이라는 현상도 발견하게 되었을 것입니다. 그러한 가격의 특이한 패턴들이 입소문처럼 퍼져나가 이중바닥에서는 리스크 대비 리턴이 커지니, 그 지점에서는 매도하는 사람보다는 매수하는 사람들이 더 많아져 가격이 올라가는 현상들을 수없이 경험했을 것입니다. 그러한 가격에서 만들어지는 패턴을 연구하는 사람들이 많아지면서 기술적 분석은 쉽게 퍼져나갈 수 있지 않았을까요? 정보를 얻기는 하늘의 별 따기였지만, 가격을 그린 그래프는 손쉽게 얻을 수 있었으니까요.

기술적 분석은 그렇게 많은 사람의 머리에 각인되었고, 그 분석 방법을 사용해서 주식 매매를 하는 사람들이 많아졌기에 필요에 따라 채택된 것입니다. 단지 사용하는 사람들이 많아졌으니 힘을 얻은 것뿐입니다. 10명의 주식 인구 중 4~5명이 사용하면 답이 될 수도 있고, 힘을 얻어 시장을 상승시킬 수도 있지 않을까요?

저는 누구나 쉽게 접근할 수 있는 그런 가격 분석을 통해 단순한 시장의 패턴을 연구했습니다. 또 주식을 열정적으로 배우고자 오는 분들에게 기술적 분석의 장단점과 제가 시장에서 발견한 규칙성을 제시하고, 공감하면 그다음부터는 '경험'을 스스로 하게 만들었습니다. 1번, 10번, 100번, 200번을 스스로 매매하면서 시장에서 본인의 돈을 잃지 않게 하는 '관리' 습관을 체득시켜줄 뿐입니다. 길을 제시하고 공감을 얻어내면 그다음엔 오로지 싸게 사서 비싸게 파는 매매법을 훈련을 시킬 뿐입니다. 그래서 스스로 터득해야 합니다. 저는 유격장의 조교일 뿐 모든 훈련은 여러분들이 스스로 '경험'해야 합니다. 쉬울 것 같지만 절대 쉽지 않은 훈련입니다.

주식 콘서트를 준비하고 있습니다. 매월 한 번 주식 장이 끝나고 2시간 정도 주식의 길을 발견하고 싶은 예비 투자자들에게 제가 걸어온 길에 대해 말하고자 합니다. 또 함께 참여한 분들의 주식에 대한 생각을 함께 공유함으로써 정답은 없지만, 각자에게 꽂히는 '주식을 하는 길'에 대한 생각을 심어주고자 합니다.

 욕심만 가지고 주식에 뛰어드는 것만큼 불행한 인생은 없습니다. 이 글이 그런 분들을 자제시킬 수 있다면 더없이 좋겠습니다. 주식을 하는 방법은 수없이 많습니다. 하지만 무엇을 선택하든 욕심만 가지고선 아무것도 이룰 수 없다는 것을 명심하셨으면 합니다. 그에 걸맞은 열정과 노력이 어느 분야에서나 필요하니까요. '주식이나 한번 해볼까?' 하시는 분들은 하지 마시길 바랍니다. 취미나 시간 보내기로는 절대 돈을 벌 수 없습니다. 이 책은 30년 매매와 강의 경험의 진수라고 '감히' 자부합니다. 이곳에 '저의 길'을 담아 놓았으니 여러분들의 디딤돌이 되길 응원합니다.

장영한

차 례

프롤로그 ········ 4

1강 | 이중바닥^{Double bottom}과 60분봉 차트를 결합한
실시간 매수 타이밍/미국 주식 등 ········ 15

2강 | 이동평균선/매수 디버전스와 60분봉 차트를 결합한
실시간 매수 타이밍 ········ 24

3강 | 이동평균선/매수 디버전스와 60분봉 차트를 결합한
실시간 매수 타이밍-미국 주식 등 ········ 37

4강 | 전고점/이동평균선 지지와 60분봉 차트를 결합한
실시간 매수 타이밍 ········ 49

5강 | 전고점/이동평균선 지지와 60분봉 차트를 결합한
실시간 매수 타이밍/미국 주식 등 ········ 66

6강 | 전고점/이동평균선/패턴 3과 60분봉 차트를 결합한
실시간 매수 타이밍/한국 주식 ········ 80

7강 | 전고점/이동평균선/패턴 3과 60분봉 차트를 결합한
실시간 매수 타이밍/미국 주식 ········ 95

8강 | 패턴 1^{기간 조정}의 이해와 N자형 매수 타이밍 ········ 110

9강 │ N자형 패턴과 60분봉 차트를 결합한
실시간 매수 타이밍/한국 주식 ········ 126

10강 │ N자형 패턴과 60분봉 차트를 결합한
실시간 매수 타이밍/미국 주식 등 ········ 143

11강 │ 일봉과 월봉 차트를 결합한
장기 투자용 매수 타이밍/한국 주식 ········ 151

12강 │ 일봉과 월봉 차트를 결합한
장기 투자용 매수 타이밍/미국 주식 등 ········ 166

13강 │ 일봉 차트로 매매^{의사결정} 훈련하는 방법 ········ 176

14강 │ 5분봉 차트를 이용해서 손절 스탑 1% 이내로
매수 타이밍 잡는 방법 ········ 192

15강 │ 신용융자잔고를 이용한 매매 가설 ········ 203

16강 │ 매매 일지 쓰기의 중요성 :
습관이 바뀌어야 운명이 바뀐다 ········ 216

실전에서 바로 써먹는

패턴매매기법

주식 투자

1강

이중바닥^{Double bottom}과 60분봉 차트를 결합한 실시간 매수 타이밍/미국 주식 등

이번 강의에서는 한국 주식에서뿐만 아니라 미국 주식과 중국 주식에서도 보여지는 똑같은 규칙성과 반복성을 여러분들께 사례로 보여드리겠습니다. 그럼으로써 여러분들도 공부를 하면 충분히 이런 사례들을 모범으로 삼아서 얼마든지 하방을 막고, 잃지 않는 투자를 하실 수 있도록 설명을 드리겠습니다.

미국 주식에서의 일봉 차트와 60분봉 차트의 타이밍을 결합한 실시간 매수 타이밍을 확인해보도록 하겠습니다.

　월트 디즈니를 보겠습니다. 월트 디즈니에서 위와 같이 일봉
차트에서 이중바닥이 발생했습니다. 그래서 해당 날짜인 10월
28일의 60분봉 차트를 한번 보겠습니다. 10월 28일의 60분봉
차트를 보니 시그널이 발생하지 않고 그다음 날 발생했습니다.
이렇게 하루에 두 번 또는 세 번 시그널이 나오는 것은 굉장히
특이한 케이스이기는 하지만, 28일이 아닌 29일에 시그널이 나
와도 충분히 매수타점으로 이용할 수 있습니다.

　하루만 매수 시도를 하지 마시고 이틀, 삼 일 정도는 변곡점을
잡을 때까지 짧은 스탑으로 매매를 해보시는 것이 좋습니다. 그
러면 이렇게 두 번째 매수 시그널이 나오고 이 매수 시그널이 나
온 시점이 제일 저가이기 때문에 이전 저가가 없이 여러분들께
서 매수 시그널이 나온 저가 아래에 스탑을 놓고 포지션을 가져
갔다면, 향후 상승 국면이 이어지게 되어 수익이 컸을 것입니다.

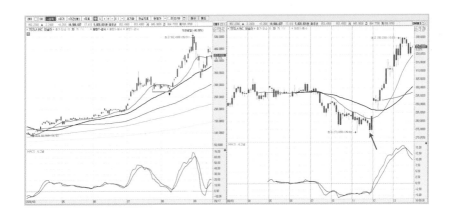

  테슬라 차트를 보도록 하겠습니다. 테슬라 차트를 보시면 현재 신고를 치고 굉장히 많이 올라가고 있는데 테슬라 차트를 과거로 돌려보겠습니다. 위의 일봉 차트를 보면 조그만 이중바닥이 발생했고, 해당 지점은 이중바닥만 발생한 것이 아니라 33이동평균선도 지지를 받고 있습니다. 여기서 가격이 올라가면 패턴 3의 형태를 보이기 때문에 현재 이 봉은 세 가지 지지 요인을 담고 있습니다. 이중바닥, 이동평균선 지지선 그리고 패턴 3이 될 가능성이 많이 있는 것입니다. 그래서 8월 11일의 60분봉 차트를 확인해보겠습니다.

  8월 11일 아침, 장이 시작하고 2시간이 흐른 다음에 매수 시그널이 발생했고, 이 매수 시그널이 발생한 시점이 이전 저점보다 낮은 지점이 없습니다. 이 책에는 시그널이 나오지 않은 것처럼 보이지만, 키움에서 제공하는 봉이 부족해서 그렇게 표현

17

이 된 것이며, 실제로는 화살표로 표시된 지점에서 매수 시그널이 발생했습니다.

다시 돌아와서, 매수 시그널이 발생한 한 틱 밑에다가 스탑을 놨다면 이날은 스탑에 털리지 않았습니다. 또한 매수 디버전스도 있기 때문에 바로 상승이 이어져서 굉장히 운이 좋은 경우입니다. 리스크 대비 리턴이 큰 자리에서 매수를 해서 얼마큼 오를지는 그분의 공덕입니다. 이렇게 올라갈 줄 알았으면 모두 전재산 빚을 내서 사겠죠. 하지만 이렇게 규칙성과 반복성을 눈에 익히고 리스크 대비 리턴이 큰 자리에서 매수와 매도를 경험을 하다 보면 이런 행운도 따르게 되는 것이니 1%, 2%를 작게 생각하지 마시고 티끌 모아 태산처럼 내 계좌에 쌓아 보시길 바랍니다. 이런 보너스도 시장이 가끔 주는 법입니다. 그래서 그것을 잘 챙기시면 될 것 같습니다.

앞의 넷플릭스 차트를 보면, 9월 17일 일봉 차트에서 이중바닥이 형성되어 있습니다. 그리고 해당 날짜의 60분봉 차트 역시 시그널이 나오고 매수 타이밍이 보여졌는데, 9월 17일 여기서 매수를 하고 바로 전 저점에 스탑을 놨다면 한번 스탑에 털리고 다시 매수해서 결국 저점을 잡았을 것입니다. 제가 말씀드렸듯이 하루 만에 성공할 수도 있고 그다음 날 또는 3일, 4일도 갈 수 있다고 말씀드렸기 때문에, 스탑에 손절당한 이후라도 지속적으로 재매수 기회를 노리시길 바랍니다.

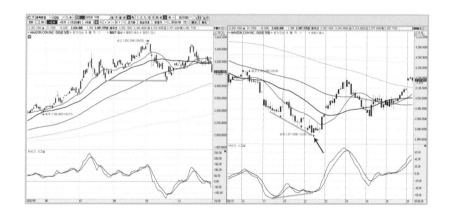

위의 아마존 닷컴 차트를 보면 일봉 차트 9월 21일에 이중바닥이 형성된 것을 확인할 수 있습니다. 해당 날의 60분봉 차트를 보면 매수 시그널이 발생했습니다. 아까도 말씀드렸지만 이전에 발생한 시그널에서는 움직이시면 절대 안 됩니다. 일봉 차트상 이중바닥이 충족되는 당일 매수 시그널이 나오거나 그다음 날 매수 시그널이 나올 때 움직이는 것입니다.

9월 21일 시그널이 발생한 60분봉 차트에서 매수하고 이전 저점 밑에다가 스탑을 났다면 좋은 매수 타이밍으로 이용해서 1차 매도, 2차 매도도 충분히 하실 수 있고, 또 이때의 특징을 보시면 60분봉 차트에서도 매수 디버전스 현상이 발생했습니다.

매우 중요한 현상입니다. 그렇기 때문에 60분봉 차트에서도 매수 디버전스가 나오면 좀 더 확률이 좋다는 것을 여러분도 직접 확인해보시길 바랍니다. 이에 대한 시그널도 찾아보고, 매수 타이밍을 확인하신 후 매매에 임하시면 훨씬 더 좋은 성과가 나올 것이라고 믿습니다.

위의 차트는 코카콜라입니다. 일봉 차트에서 이중바닥도 있고 해당 봉은 150일 이동평균선도 지지선으로 작용하고 있습니다.

이동평균선 지지와 이중바닥 고점에서 내려오면서 지지선상에서 도지가 나오면 변곡의 징후가 있습니다. 그 결과, 가격이 급등한 것을 볼 수 있습니다. 10월 29일 60분봉 차트로 가보면 여지없이 화살표가 그려진 곳에서 매수 타이밍이 장 중에 나왔습니다.

그런데 여러분들께서도 보시면 아시겠지만, 화살표 이전에도 매수 시그널이 나오긴 했습니다. 하지만 해당 지점은 매수를 하기가 힘듭니다. 왜냐하면 장외 시간이라서 만약 장외에서 매수하셨다면 짧게 1% 내외로 털렸을 것이고, 이날과 다음 날도 분명히 매수 타이밍이 생길 수 있기 때문에 계속해서 지켜봐 달라고 말씀을 드렸습니다. 여기에서도 다음 날 시그널이 나오고 이전 저점 밑에다가 스탑을 났다면, 여기에서는 짧게 손절을 당하고 그다음 날 시그널 나올 때 매수를 하고 스탑을 1.5~2% 정도에 놓게 되었을 것입니다. 또 한 가지 특징이 있습니다. 거의 이중바닥인데 매수 디버전스 현상이 발생했습니다. 이 점을 매매에 잘 활용하시기 바랍니다.

존슨앤존슨 차트를 보도록 하겠습니다. 앞의 존슨앤존슨 차트를 보시면 이중바닥을 쉽게 찾을 수 있을 것입니다. 이중바닥이 왔지만 사실 그날보다는 그다음 날 가격이 더 떨어져서 시그널이 어떻게 나왔을지 매우 궁금한 상황입니다. 이중바닥이 나와서 부딪힌 날은 10월 29일이었습니다. 10월 29일 시그널이 세 번이나 나왔습니다. 60분봉 차트에서 매수 시그널이 많이 나왔는데요. 매수 후 짧게 스탑을 놔서 몇 번 털린 후 다음 매수 화살표 지점에서 매수를 했으면 결국 저점을 잡았을 것입니다. 하지만 시그널이 여러 번 나올 경우 잡기가 쉽지가 않죠. 여러분의 경험치에 따라 성공 여부가 갈릴 것입니다. 이러한 경우를 많이 경험해본다면 충분히 향후에는 저점을 잡으실 수 있게 되실 겁니다. 추가적으로 해당 지점에 매수 디버전스가 지속해서 발생했다는 것도 확인해볼 수 있습니다.

앞의 차트는 중국의 성달광업입니다. 이중바닥이 앞과 같이 그려지고 있습니다. 그리고 이동평균선 지지선도 있는데 이날이 바로 10월 29일입니다. 10월 29일을 보면 일봉 차트에서도 역시 매수 디버전스가 발생했습니다.

이중바닥이 있고 150이동평균선이 있고 300일 이동평균선도 있고 매수 디버전스도 있는 것이죠. 해당 날짜인 10월 29일 60분봉 차트를 보면 장 끝나는 막판에 매수 시그널이 발생했고, 이전 저점 밑에다가 스탑을 놨다면 그다음 날 스탑에 털리지 않고 가격이 바로 상승하는 모습을 보실 수 있었습니다.

이 역시 여기에서도 보시면 중국 주식에서도 매수 디버전스가 나온 다음에 시그널이 나온 것이 훨씬 더 확률이 좋다는 것을 확인할 수 있습니다. 물론 그다음 날에도 나왔지만 이날 스탑에 안 털렸기 때문에 시그널이 나와도 다시 포지션을 잡을 수 없는 것입니다. 하지만 이날 포지션을 못 잡았더라도 매수 디버전스가 60분봉 차트에서 발생하기 때문에 이때도 충분히 매수할 수 있는 기회입니다.

2강

이동평균선/매수 디버전스와 60분봉 차트를 결합한 실시간 매수 타이밍

이번 시간에는 약간 다른 형태의 지지선을 발견해서 60분봉 차트를 결합한 실시간 매수 타이밍을 함께 사례로 찾아보도록 하겠습니다. 이번 강의에서는 이동평균선과 매수 디버전스가 함께 나타나는 모양새를 잘 관찰해보시기 바랍니다.

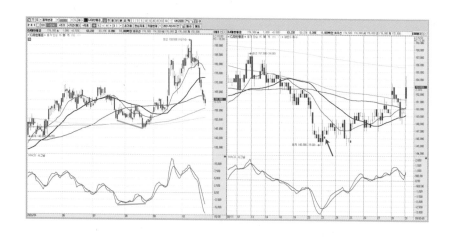

CJ대한통운을 한번 보겠습니다. 앞의 일봉 차트를 보면 150일 이동평균선을 지지하고 있고, 여기서 더 이상 저점이 뚫리지 않고 가격이 올라간다면 MACD가 상승하게 됩니다. 이렇게 되면 매수 디버전스 현상이 나타나게 됩니다. 가격은 내려가는데 변곡점은 올라가는 매수 디버전스 현상을 설명해드렸고, 며칠 사이 가격이 상승하는 모습을 일봉 차트에서 확인할 수 있습니다.

일봉 차트에서 기준이 되는 날은 8월 20일인데요. 이날의 60분봉 차트로 가서 관찰해보겠습니다. 오른쪽 차트를 보면 20일에는 시그널이 나오지 않고 21일에 시그널이 발생한 것을 확인하실 수가 있습니다. 8월 20일은 시그널이 안 나왔지만 가격이 거의 똑같은 가격대를 3일 동안 치고 있음에도 불구하고 MACD는 계속해서 내려가고 있는 형태를 볼 수 있습니다. 이것은 가격과 이동평균선 MACD 간의 시차 때문에 발생하는 거라고 누차 말씀을 드렸습니다.

이렇게 해서 21일 화살표를 보시면 매수 시그널이 발생하고, 이 매수 시그널이 발생한 10시 중간쯤의 가격이 매수 가격이 되겠고, 145,000원 한 틱 밑인 144,500원이 스탑 가격이 되겠습니다. 이렇게 해서 가격이 올라가다가 떨어지기를 반복하다가 결국에는 상승 국면을 타게 되었는데, 이 가격을 하루나 이틀 정도 지켜본 다음에 144,500원 스탑을 치지 않고 올라간다면 1차 매도를 하고, 2차 매도도 해서 손절을 본전 이상으로 올려놓는 형태의 위험 관리를 반드시 하셔야 됩니다.

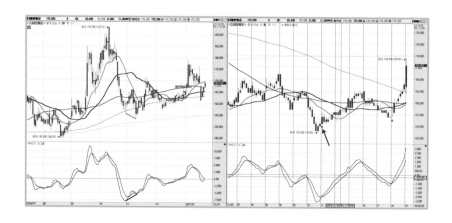

　CJ대한통운의 또 다른 예시를 보겠습니다. 왼쪽 일봉 차트를 보면 가격은 내려가는데 MACD의 변곡점은 우상향하고 있는 매수 디버전스 형태를 보이고 있습니다. 해당 봉을 다시 한번 자세히 관찰해보면 조그만 이중바닥과 150이동평균선 지지선 매수 디버전스도 포함하고 있습니다. 150이동평균선 지지선과 매수 디버전스가 메인이었는데 더 관찰해보니 이중바닥도 같이 있더라, 라는 의미로 보면 되겠습니다.

　또 이 날짜의 매수 타이밍을 확인해보면 11월 10일입니다. 11월 10일로 가보시면 역시 60분봉 차트에서 매수 시그널이 보이지 않습니다. 그날이나 그다음 날까지 시그널이 나오는 것이 유효하다고 말씀을 드렸습니다. 화살표에 표시된 것처럼 11일에 매수 시그널이 발생을 해서 이 9시 중간 가격에 매수하고, 153,500원 한 틱 밑인 153,000원에 매수를 하신다면 상승하는 국면을 여러분께서 확인할 수 있습니다. 그래서 1차 매도, 2차 매도 후에 손절을 여유롭게 놓으시고 가셨다면 그다음에 상승 국면까지도 같이 이익을 취하실 수 있었을 것입니다.

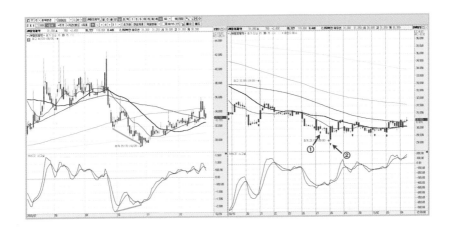

JW중외제약을 보겠습니다. 왼쪽 일봉 차트에 표시된 곳을 보면 300일 이동평균선에 최초로 닿는 날이 보이고, 여기서 가격이 올라간다면 매수 디버전스가 됩니다. 그러나 하루를 더 가보면 가격이 내려가서 스탑에 한 번은 털렸을 것이고, 또 하루가 더 가서 더 저점을 갱신한 다음에 결국에는 60분봉 차트에서도 매수 디버전스가 완성이 되었습니다. 하루 만에 가격이 올라간다면 우리가 저점을 잡을 수 있지만, 하루 만에 올라가는 케이스는 30~40%라고 보시면 될 것입니다. 나머지는 둘째 날, 셋째 날까지도 지켜보시는 끈기가 꼭 있으셔야 될 거라는 것을 이 현상에서 확인해보실 수 있는 것이죠.

최초로 300일 이동평균선에 닿은 날이 10월 26일입니다. 해당 날은 다행히 60분봉 차트에서 시그널이 나오지 않았습니다. 다음 날 1번 지점에서 시그널이 나왔고, 해당 지점에서 매수하고 이전 저점 밑에다가 손절을 놓았다면 1%도 안 되는 스탑으로 매수를 해볼 수 있었습니다. 그러나 장 막판에 가격이 떨어지면서 스탑을 치게 되었습니다. 하지만 스탑을 치게 되었더라도 제가 말했듯이 하루 이틀 정도 더 지켜봤다면 이제 일봉 차트상에서는 여전히 300이동평균선에 지지가 되고 있고 60분봉 차트상에서는 매수 디버전스가 발생하고 있는 것을 확인할 수 있습니다.

그래서 2번 지점에서 한번 1% 이내에 손절을 당하더라도 시그널이 나오고 30,000원 밑인 29,950원에 스탑을 났다면 여러분들은 짧은 손실 후에 가격이 상승하는 국면을 향유하실 수 있었다고 생각이 됩니다. 이처럼 매수 디버전스는 확률은 좋지만 이게 당일에 올라갈지, 그다음 날 또는 그 다다음 날 올라갈지는 많은 시행착오를 거쳐서 매매 경험이 쌓여야만 끝까지 매수 시도를 할 수 있다는 것을, 모의매매나 실전매매를 하면서 경험을 해보시면 좋을 것 같습니다.

　제일파마홀딩스를 보겠습니다. 어느 정도 이제 눈에 익으신 분들은 바로 찾아내실 수도 있겠지만, 2번 지점에서 매수 디버전스가 만들어졌습니다. 150이동평균선에서도 만들어질 수 있었고, 300일 이동평균선 지지선상에서 만들어질 수가 있었습니다. 그리고 1번 지점에서의 이중바닥도 되고 150이동평균선 지지가 되고 올라가면 여기에서도 매수 디버전스가 발생이 되겠죠. 그게 바로 10월 15일입니다.

　60분봉 차트를 보니 10월 15일에 시그널이 나오지 않고, 10월 16일 화살표가 표기된 시점에 매수 시그널이 발생했습니다. 해당 시점이 제일 이전 저점이 없는 상태라서 17,800원이 저점이니 17,750원에 스탑을 놓고 이렇게 매수 상태로 유지를 했다면 상당히 큰 수익을 볼 수 있었다고 여러분들께서 예측할 수 있었겠죠. 그래서 일부 올라가면 이익을 실현하고, 또 일부 올라가면 어느 시점에서 다시금 이익을 실현하고 손절을 본전 또는 그 이상으로 올려놓으면 장기 투자가 가능한 상태가 됩니다. 장기 투자가 가능한 마음의 여유가 되거나 실제로 계좌에 일부 돈은 챙겨놓고 남의 돈으로 여유롭게 매도를 할 수 있는 그런 상황이 될 거라고 봅니다. 많은 경우 여러분들이 매도를 할 때 지나간 차트를 보고 여기서 매도하면 되겠지, 라고 생각하겠지만 전혀 아닙니다. 여기서 얼마나 올라갈지는 아무도 모릅니다.

매수하고 난 다음 어느 목표가를 정해서 19,500원이나 20,000원에 오기 전에 일부 매도 주문을 먼저 넣어 놔야 합니다. 매도는 욕심을 끊는 행위입니다. 돈을 벌려고 욕심을 가지고 주식 시장에 들어왔는데 더 올라갈 거 같은 기대를 하면서 일부러 본능을 절제해서 매도 가격을 미리 시장에 넣어둔다는 것은 굉장한 절제 행위입니다. 매도는 욕심을 끊는 행위라고 생각하시고 욕심을 절제하는 심리적인 상황을 만들어야 하기 때문에 주식이 어렵다고 저는 생각합니다.

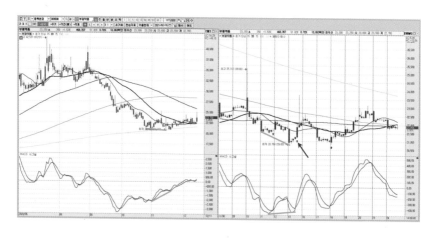

실전에서 바로 써먹는 패턴매매기법 주식 투자

앞의 차트는 부광약품입니다. 오른쪽 일봉 차트를 보면 표기된 지점에서 300일 선에 최초로 닿았고 도지도 발생했습니다. 또한 해당 날짜에서 매수 디버전스가 발생한 상태이고 11월 13일 60분봉 차트로 가보면 여지없이 매수 시그널이 발생했습니다. 11월 13일 매수 시그널이 발생하고 60분봉 차트에서도 매수 디버전스가 발생했습니다. 이럴 때는 확률이 좋다고 말씀드렸는데, 제일파마홀딩스처럼 상승하지 못하고 약간의 상승 보합 국면을 보이고 있는 것을 확인할 수 있습니다.

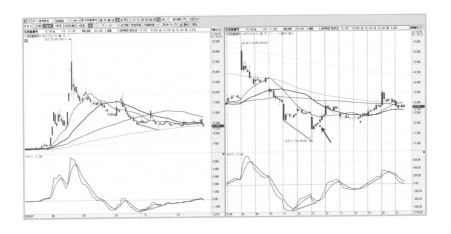

우리들제약 차트를 보겠습니다. 왼쪽 일봉 차트를 보면 150이동평균선상에서 도지가 나오고 이동평균선이 지지되며 매수 디버전스 현상이 발생되었습니다. 해당 날에 60분봉 차트를 가보면 매수 시그널이 발생했습니다. 이전 저점 밑인 11,150원 아래

11,100원에 스탑을 놓고 60분봉 차트상에서 매수 디버전스 현상이 발생한 것을 확인할 수 있습니다.

이렇게 똑같은 규칙성이 한국 주식뿐만 아니라 미국 주식에서도 발생한다는 것을 충분히 배우고 확인하셨기 때문에 이제부터 여러분들이 직접 차트를 보면서 이런 시점들을 찾아서 그 특성들을 직접 체험해보시는 것은 아주 좋은 훈련 방법입니다. 꼭 그렇게 해보시기를 권해드립니다.

농심입니다. 최초에 300일 선에 닿았던 날이 10월 27일, 그다음이 10월 28일입니다. 모두 결과적으로 보면 매수 디버전스가 나왔습니다. 27일과 28일은 300일 선에 닿았던 지점인데, 이렇게 매수 디버전스가 연달아서 발생할 때 10월 27일의 60분봉 차트를 보겠습니다.

27일, 1번 지점에서 시그널이 발생을 하고 해당 중간 지점에서 매수해 최저가인 284,000원인 283,500원에 스탑을 놨다면 그다음 날 손절에 털렸을 것입니다. 손절에 포지션을 정리하게 되었지만, 제가 계속 말씀드렸다시피 며칠을 더 횡보 후 상승할 수 있기 때문에, 조금 더 기다렸다가 2번 지점에서 시그널이 나왔을 때 매수하고 이전 저점 밑에다가 스탑을 놓았다면 그다음 날 약간의 손실을 만회하고 가격은 계속해서 상승하고 있는 국면을 보실 수 있습니다. 하루만 보지 마시고 이틀, 삼 일 동안 같이 계속 포지션을 잡을 계획을 세워야 한다는 것입니다.

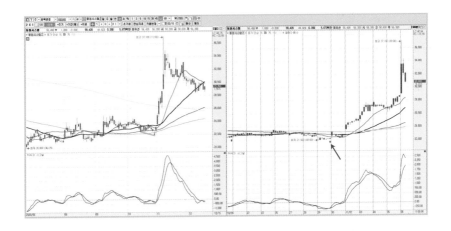

동원시스템즈입니다. 여기서도 보시면 일봉 차트에서 150이동평균선 지지가 되고 있고 매수 디버전스 현상이 발생하고 있습니다. 그렇기 때문에 똑같은 규칙성이 발생하는 지점에 매수 시도를 하신다면 아마 리스크 대비 리턴이 큰 지점을 확보하실 수 있을 거라고 생각이 되며, 도지로 끝났습니다. 그래서 10월 29일 60분봉 차트로 가보면 정확하게 화살표 지점에서 시그널이 장 막판에 발생하고, 여기서 만약 사셨다면 21,900원보다 한 틱 밑인 21,850원쯤 약 1% 정도의 스탑을 놓고 매수 시도를 해볼 수 있었다는 것으로 귀결됩니다. 그다음 농심에서는 가격이 약간만 올랐지만 동원시스템즈에서는 어떻습니까? 이런 어마어마한 상승 운이 따르기도 했습니다. 22,000원 초반에 사서 37,000원까지 갔지만 37,000원까지 먹을 수 있다고는 장담할 수 없습니다. 한번 추세가 생기면 이것을 100이라 볼 때 60% 정도를 먹으면 제대로 잘 먹는 거라고 생각하시면 됩니다.

왜냐하면 무릎에서 사서 어깨에서 파는 것인데, 저희는 거의 복숭아뼈에서 사서 어깨에서 파는 것이기 때문에 60~70% 정도는 이익 실현을 할 수 있다고 생각을 합니다. 이렇게 점점 계좌가 +로 돌아서게 되면 여유가 생길 것이고, 여유가 생김으로 인해서 1차 매도를 적게 해 2차, 3차 매도를 점점 크게 가져갈 수 있는 힘이 생기는 것이죠. 그렇게 점차 돈을 많이 벌게 되는 것이지 처음부터 종목을 잘 받아서 팔자 고치는 것은 불가능하다 생각하시고 차근차근 공부하시면서 준비만 되어 있으면 얼마든지 시장은 기회를 주게 되어 있습니다.

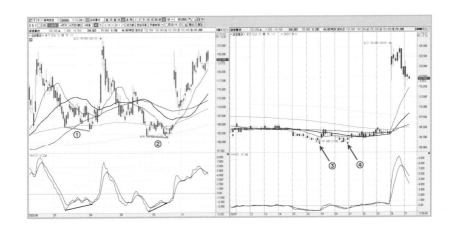

　삼성물산을 보겠습니다. 1번 지점에서 한 군데 발생했습니다. 이중바닥도 있고 150이동평균선에 매수 디버전스 현상이 발생을 했죠. 두 번째로 2번 지점에서도 발생을 했습니다.

　300일 이동평균선에 매수 디버전스 현상이 발생했는데, 가까운 10월 16부터 20일까지 계속해서 300일 이동평균선 지지와 매수 디버전스 현상을 볼 수 있습니다. 10월 16일로 가보시면 매수 시그널이 발생하고 가격이 오르는 듯하다가 1번 지점 매수 시그널 후 저점 밑에 스탑을 뒀다면 그다음 날 바로 털리게 되었고, 20일을 보시면 다시 한번 2번 지점에서 시그널이 나오는 것을 보실 수 있습니다.

　중요한 변곡점이 될 것 같다고 생각하는 날에는 하루, 이틀, 삼일 정도는 계속해서 지켜본다면 운이 좋은 상승 국면을 충분히 만끽하셨을 거라고 생각이 됩니다. 이것을 그냥 누가 던져주듯이 "자! 삼성물산 사!" 이런 것이 아니라, 이미 여러분들은 규칙성과 어떤 동일 반복되는 현상을 차트에서 발견해서 여러분들 스스로 고기 잡는 법을 배우고 익혀서 시장이 주는 보너스를 계속 받게 되는 것입니다.

3강 이동평균선/매수 디버전스와 60분봉 차트를 결합한 실시간 매수 타이밍 - 미국 주식 등

이번 강의에서는 미국 주식에서도 여러분들께서 공통된 규칙성이 나오는 것을 확인하시고 스스로 직접 그려 보면서 공부해 보겠습니다. 훨씬 더 실전에 가까운 시그널 차트 보는 방법과 매수 타이밍 잡는 방법을 결합해서 보실 수 있을 거라고 생각이 됩니다. 나스닥에 상장되어 있는 넷플릭스 주식을 보고 매수 디버전스 현상과 이동평균선이 보이는 지점을 찾아보겠습니다.

아무 데서나 매수를 하는 게 아니라 공통적인 규칙성이 발생할 때만 확률을 내는 의미에서 매수 타이밍을 잡는데, 지금 보시는 넷플릭스를 현재 시점으로 놓는다면 먼저 이중바닥도 성립되고 150일 이동평균선도 지지가 되면서 데드 크로스가 났습니다.

그런데 해당 날짜를 보니까 11월 9일입니다. 11월 9일의 60분봉 차트를 보겠습니다. 매수 타이밍이 안 나오고 다음 날 저점을 낮추고 난 다음에 화살표가 있는 지점에서 시그널이 났습니다. 그래서 11월 11일에 이 60분봉 차트의 중간쯤에 매수를 했다고 가정을 해보겠습니다. 이전 저점 밑인 464.46불 밑에다가 스탑을 놓고 매수하셨다면 매수한 비중의 40% 이익을 실현하고 2차 매도를 하고 난 다음에 손절을 본전 또는 올리는 그러한 현상을 경험해보시길 바랍니다. 거기에 위험 관리를 하신다면 아마도 위와 같은 가격 움직임이 전개되지 않을까 싶습니다.

지나간 장에서 규칙성을 보고 매수 타이밍을 60분봉 차트에서 잡는 것은 좀 쉬운 편입니다. 실제로 움직이는 장에서 이것을 잡는 훈련도 반드시 하셔야 됩니다. 그런 도움이 필요하시면 센터에 오셔서 하시면 되니까 차근차근 공부해보시기 바랍니다.

월트 디즈니 차트입니다. 10월 28일 이동평균선 지지 그다음 날도 이동평균선 지지가 되면서 매수 디버전스 현상이 발생했습니다. 28일과 29일의 60분봉 차트를 보도록 하겠습니다.

28일에는 매수 시그널이 나오지 않고, 29일 정규장이 아닌 시간인 1번 지점에서 매수 시그널이 나왔고 이렇게 시간 외 장이 한 시간 반 동안 진행이 되었습니다. 정규장이 열린 후에 만약에 여러분께서 보셨다면 2번 지점에서 매수를 하고 이전 저점이 없기 때문에 그날의 저점 밑에서 매수를 하셨다면, 저점을 잡을 수 있었다는 것을 충분히 확인하실 수 있습니다.

만약에 시간 외에서 매수하고 이전 저점 밑에 스탑을 놨다면 그날 장 시작하고 어차피 스탑에 털렸겠죠. 한 1%, 1.5% 털리고 장 시작하자마자 또 시그널이 났을 경우에는 두 번 또는 세 번이라도 짧은 스탑으로 매매를 해보시는 것도 좋은 경험이 되실 것입니다. 한 번에 딱 잡고 올라가면 얼마나 좋겠습니까? 그런 건 다섯 번 중에 한 번 정도이고 나머지는 이틀이 걸릴지, 삼일이 걸릴지, 사 일이 걸릴지 모르니, 변곡점을 잡아내기 위해서 열심히 매매 훈련을 해보셔야 될 것입니다.

퍼스트 마제스틱 실버라는 회사입니다. 이 주식은 9월 4일을 한번 보겠습니다. 9월 4일을 보시면 이중바닥도 함께 있고 매수 디버전스 현상도 있고 75이동평균선도 지지가 되고 있습니다. 여러분들께서도 열심히 공부하셨다면 이미 찾아내실 수 있을 거라고 생각을 합니다. 9월 4일 첫 번째 이동평균선과 매수 디버전스가 될 가능성이 있는 지점을 가보겠습니다. 여기서 매수 시그널이 발생했고 이전 저점이 1번입니다. 스탑도 좀 큰 편인데 이런 경우도 발생을 합니다.

9월 4일 1번 지점에서 매수를 하고 10.9불 밑에다가 스탑을 났다면, 그다음 날 이중바닥이 나오면 사실은 스탑에 털리지는 않았습니다. 혹시나 스탑에 털렸더라도 그다음 날 2번 지점 역시 이동평균선 지지가 이루어지고 매수 디버전스가 될 가능성이 있다면, 매수 디버전스 현상이 나오면서 매수 시그널이 한 번 더 그다음 날 나온다면 스탑에 털리더라도 매수 디버전스가 나올 때는 확률이 좋기 때문에 확인을 해보시기 바랍니다.

OLED 유니버셜디스플레이 차트를 보시겠습니다. 왼쪽 일봉 차트처럼 저점은 더 낮아지고 MACD는 매수 디버전스를 보이는 현상을 보시고 계십니다. 일봉 차트에서 17일에는 75이동평균선에는 닿았지만 매수 디버전스 현상이 아직 발생하지 않았습니다. 그래서 한 칸을 더 가면 18일에서 가격이 이제 밑으로 더 떨어지고 데드 크로스가 나서 매수 디버전스가 될 확률이 높아진 지점입니다.

그다음 날인 19일을 보면 저가를 살짝 더 훼손하고 매수 디버전스가 되기 이전의 모습을 보고 계신데, 9월 18일로 한번 가보겠습니다. 9월 18일의 60분봉 차트로 가보면 매수 시그널이 나온 게 없고, 9월 21일 매수 디버전스가 나오기 바로 전날은 어떻습니까? 화살표 지점에서 매수 시그널이 나오면서 그날의 저가를 형성했습니다. 해당 시그널이 나온 봉의 저점에 스탑을 놓고 약 162.40불 정도에 매수를 하셨다면 가격이 상승하는 어떤 규칙성을 여지없이 발견하실 수 있었다는 것입니다.

화이자 9월 24일 차트입니다. 이중바닥도 있고 150일 이동평균선 지지가 있고 이렇게 매수 디버전스 현상이 나옵니다. 9월 24일 60분봉 차트를 보겠습니다. 9월 24일 시그널이 보이고, 9월 25일도 시그널이 보인 다음에 매수 디버전스 현상도 보이고 있습니다. 9월 24일 화살표 지점에서 매수하고, 이전 저점 밑에다가 스탑을 났다면 다음 날 털렸겠죠. 하지만 9월 25일에도 이동평균선 지지가 있었기 때문에 다시 매수 디버전스가 나올 때 매수를 하셨다면 짧게 한번 스탑에 털리고 다음번에는 충분히 성공할 수 있었던 모습을 확인하실 수 있습니다.

소어 인더스트리입니다. 여러분들께서도 이동평균선 지지와 매수 디버전스가 보인다면 이동평균선을 확인하셔야 됩니다. 유일하게 11월에 이동평균선 지지가 있었습니다. 300일 이동평균선 지지인데, 2번 지점에 해당되는 날 역시 가격이 더 이상 빠지지 않고 올라간다면 조그만 매수 디버전스 형태를 보일 수 있습니다. 물론 1번 지점에서도 이중바닥과 매수 디버전스 현상이 보이긴 했지만 여기에는 엄밀히 이야기하면 이동평균선 지지는 없었죠. 바로 11월 10일이 이동평균선 지지와 매수 디버전스 현상이 보이면서 가격이 상승하는 모습을 보셨습니다.

바로 화면에 나오는데 11월 10일 화살표 지점에서 매수 시그널이 나오고 여기에서 스탑을 걸고 매수를 하셨다면, 여러분께서 이건 시간 외에서 장이 안 움직이니까 점으로 표시가 되었으니 바로 시작이 될 때 시장가로 사고 그 시간에 60분봉 차트 밑으로 스탑을 놓는다면, 그 뒤에 가격이 상승하는 모습을 똑같이 확인하고 계십니다.

또한 위의 왼쪽 일봉 차트 지점도 이중바닥에 매수 디버전스 현상이 발생했는데 9월 17일입니다. 9월 17일의 60분봉 차트도 공부 삼아 확인해보겠습니다. 9월 17일로 가니까 여지없이 매수 시그널이 나오고 1번 지점 전봉 밑에다가 스탑을 놨다면, 비록 스탑에 털리지 않고 손절을 올려서 계속 가지고 있었다 하더라도 이것도 거의 이중바닥 형태의 매수 디버전스가 나옵니다. 18일에 포지션을 안 잡고 있다가 21일 다시 한번 2번 지점 가격

대 근처에 매수 시그널이 발생했으니 매수를 잡고 해당 봉 가격
밑에다가 스탑을 났다면 이 상승하는 흐름을 향유를 하실 수 있
었을 거라고 생각합니다.

EA 일렉트로닉 아츠라는 회사입니다. 이 회사는 지금 보시는
것처럼 이동평균선 지지되는 것이 최근에 없습니다. 그런데 1번
지점 날짜와 이후 파란색 도지가 나온 날 이동평균선 지지가 되
면서 매수 디버전스가 보이는 날입니다. 그렇다면 첫째 날 11월
6일과 11월 9일이 이동평균선 지지와 매수 디버전스가 발생이
되는 날입니다. 11월 9일과 11월 10일을 함께 보니, 11월 9일에
여러분들께서 매수를 2번 지점 시간에 하셨다면 스탑이 3번 지
점 가격대 밑에 됐겠죠. 그다음 날인 11월 10일에도 시그널이
나왔지만 이미 스탑이 더 밑에 있었기 때문에 이때 시그널이 나
와도 우리는 포지션을 유지할 수 있습니다.

　일렉트로닉 아츠는 역시 나스닥에 상장된 회사이고 DLR 디지
털 리얼티 트러스트라는 뉴욕 증시에 상장되어 있는 회사입니
다. 이 회사는 두 군데에 매수 시그널이 나왔습니다.

　매수 디버전스가 나온 날이 1번 지점이고 여기서도 거의 매수
디버전스 현상이 나왔지만, 이날은 매수 디버전스가 아닙니다.
가격이 이 가격보다 위에 있기 때문에 최소한 이 가격과 같거나
더 밑으로 떨어져야 하는 것입니다. 해당되는 날은 9월 23일밖
에 없습니다. 9월 23일의 60분봉 차트를 보겠습니다. 9월 23일
에는 시그널이 안 나왔고 9월 24일 장 시작과 동시에 3번 지점
에서 매수 시그널이 발생했습니다. 이것까지 유효합니다. 그렇
기 때문에 여기에 매수를 하고 이전 저점 밑에다가 매수를 했는
데 또 어떤 현상이 60분봉 차트에서 발생했나요? 가격은 내려
갔는데 MACD는 수평인 매수 디버전스 현상이 나왔습니다. 그
래서 3번 지점 가격대에서 매수를 하고 138.71불 아래에 스탑

을 냈다면 이것도 좋은 결과를 한번 보실 수가 있습니다. 디지털 리얼티 트러스트가 또 한 번의 이동평균선 지지와 매수 디버전스 현상이 나오는 날이 있었습니다.

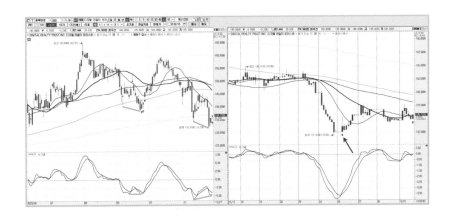

2번 지점인 11월 24일이 이동평균선 지지와 매수 디버전스 현상이 나온 날입니다. 가격은 많이 안 올랐지만 리스크 대비 리턴이 큰 지점임에는 확실합니다. 24일은 시그널이 안 나오고 25일에 시그널이 나와서 3번 지점에서 매수를 하고 해당 봉 밑에다 스탑을 냈다고 가정해봅시다. 1차 매도, 2차 매도를 한 다음에 스탑을 본전에 올려놨다고 한다면 이제 어느 정도 이익을 챙기고 본전에서 익절에 나왔겠죠.

이렇게 해서 여기까지는 매수 디버전스 현상과 이동평균선 지지에 대해서 말씀을 드렸습니다. 한국 주식에서도 확인을 해보셨고, 미국 주식에서도 확인을 해보셨으니까 여러분들이 직접 한두 번이라도 연습을 해보시며 이런 규칙성을 잘 익히면 실전 매매에 충분히 응용을 하실 수 있을 거라고 생각합니다.

4강 전고점/이동평균선 지지와 60분봉 차트를 결합한 실시간 매수 타이밍

이번 강의에서는 전고점 지지와 이동평균선 60분봉 차트가 결합한 실시간 매수 타이밍에 대해서 한국 주식을 중심으로 사례를 보면서 확인해보도록 하겠습니다.

지난 장에는 이동평균선 지지와 매수 디버전스 현상을 보여드렸는데 성공한 케이스를 보여드린 경우도 있지만 실패하는 케이스도 반드시 발생합니다.

그럴 경우에는 여러분들께서 위험 관리를 철저히 해서 손실은 작게 그리고 제대로 변곡점을 잡았을 때는 이익을 크게 가져가는 그런 방법밖에는 없다고 생각합니다.

이번 시간에는 전고점 지지, 이동평균선 지지 두 개가 결합된 상태에서 60분봉 차트의 매수 타이밍을 어디서 잡아야 될지 확인해보도록 하겠습니다.

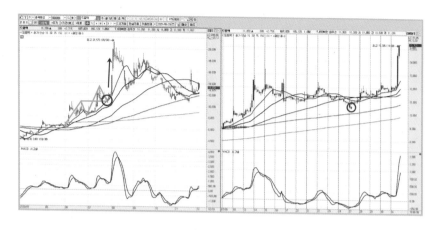

드림텍 차트를 보도록 하겠습니다.

드림텍 차트를 보시면 전고점을 상승 돌파 시 긴 장대 양봉이 전고점을 뚫어 매물대를 소화해서 매수의 세력이 폭발하는 현상을 보입니다.

그럴 때 특이 현상으로 긴 장대 양봉이나 갭 상승하는 현상들이 보이겠죠.

그래서 가격이 전고 돌파 이후 떨어지면서 전고점까지 내려올 때, 즉 폭발적인 매수의 힘이 나온 다음에 시장이 쉬어 갈 때를 여러분들께서 매수 타이밍으로 잡는 것입니다.

상승 추세에서는 굉장히 자주 발생하는 패턴이기 때문에 이 점을 잘 이용하셔서 매수 타이밍을 한번 잡아보도록 하겠습니다.

전고가 돌파되고 최초로 닿는 이동평균선 지점이 어디일까요?

7월 27일이네요.

7월 27일의 60분봉 차트를 확인해보겠습니다.

7월 27일 매수 타이밍이 발생하고 여기서 포지션을 잡았다면 이전 저점 밑인 10,500원에 스탑을 놓고 매수해서 이와 같이 급 등하는 국면을 바로 보실 수 있었습니다.

이것은 운이 좋았던 것이라고 지난번 강의에서도 말씀을 드 렸습니다.

이렇게 올라갈 줄 알고 사는 사람은 없습니다. 그것은 시장이 해주는 것이니까요.

드림텍에서 또 한 번 좋은 지점이 나옵니다.

이중바닥이 되고 이동평균선 지지가 되고 매수 디버전스 현 상이 보입니다.

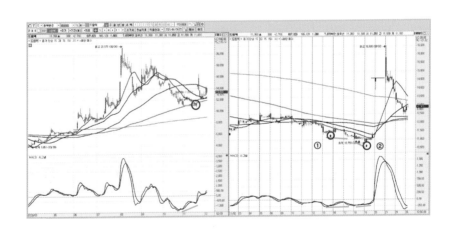

이날도 한번 확인해보겠습니다.

11월 18일, 19일입니다.

한 번에 올라가면 얼마나 좋겠습니까마는 이런 지점이 상승 추세에서 변곡이 될 것이라는 생각이 있다면 이렇게 하루, 이틀, 삼 일 정도는 여러분들이 매수 시도를 계속 해봐야 합니다.

11월 18일과 19일의 60분봉 차트를 확인해보겠습니다.

18일에 ①번은 희귀한 경우지만 두 번 매수 시그널이 발생했고 매수 디버전스가 두 번 나왔습니다.

올라갈 줄 알고 ①번 시그널에 1% 정도의 스탑을 두고 매수를 했는데, 그다음 날 여지없이 스탑에 털렸습니다.

그런데 그다음 날도 또 매수 디버전스가 나오면서 매수 시그널이 나왔습니다.

19일 ②번입니다. 19일에 다시 한번 포지션을 잡고 10,750원 아래에 스탑을 놨다면 가격이 상승하는 보너스를 챙길 수 있었을 거라고 생각합니다.

물론 1차 매도를 다음 날 가격이 상승했을 때 하고 본전 이상에 스탑을 올려 놨다면 손절에 털려도 10% 이상의 수익을 확보한 상태이기 때문에 이럴 때만 장기 투자가 심리적으로 가능하게 되는 것입니다.

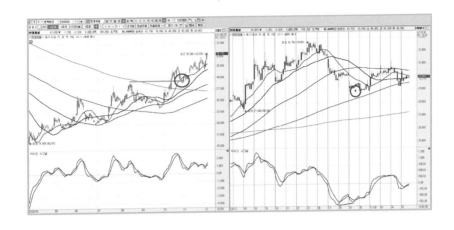

현대제철 차트를 한번 보겠습니다.

현대제철 차트를 보시면 전고 이동평균선 지지 현상이 나오는데, 여러분들이 찾는 게 익숙하지 않을 수도 있지만 스스로 그려본 것들을 보며 훈련하시거나 개인적으로 HTS를 띄워서 직접훈련을 해보시면 충분히 그 효과를 만끽하실 수 있을 것입니다.

10월 28일 처음 전고점과 이동평균선이 닿았고 역시 그다음날도 전고점과 이동평균선이 닿았으니까 양일을 살펴보도록 하겠습니다.

10월 28일에는 시그널이 나오지 않았습니다.

그다음 날까지 유효하다고 말씀드렸습니다. 29일에 시그널이 나오고 28,850원 밑에, 28,800원에 스탑을 놨다면 좋았겠죠?

그리고 역시 매수 디버전스 현상이 나옵니다.

그래서 10월 29일에 전고와 이동평균선 지지가 닿은 날은 28

일이지만, 10월 29일에 시그널이 발생하면서 가격은 상승하기 시작하는 모습을 확인하실 수 있습니다.

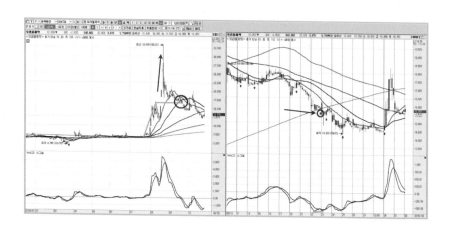

우리들 제약입니다.

급등을 하면서 갭 상승이 일어나며, 전고점이 발생했습니다.

이 지점이 지켜지는지 확인해보겠습니다.

전고와 이동평균선 지지가 되는 이 지점을 확인해보니 9월 21일과 22일에 딱 맞닿았습니다.

일봉 차트에서 확인을 하셨지만 9월 21일과 22일로 가보면 9월 21일에는 시그널이 나오지 않고 9월 22일에 시그널이 나왔습니다.

시그널이 나왔고 역시 매수 디버전스 현상이 발생했습니다.

그래서 올라가는 듯싶었지만 시그널이 나온 60분봉 차트에서 저가의 스탑을 치고 작은 손실을 보고 시장에서 빠져나오게 됩니다.

이렇게 실패할 때도 있습니다. 이 시그널이나 기술적 분석이

100% 맞는다면 모두 다 행복하겠죠.

   100% 맞는 것은 시장에 없습니다.

   이런 확률과 규칙성이 나오는 부분을 부단히 확인하고 반복하셔서 그 확률이 50%다, 60%다, 70%다, 라고 느끼신다면 굉장히 좋은 것입니다.

   50% 이상만 돼도 굉장히 좋은 것입니다.

   그렇기 때문에 손실을 볼 때는 작게, 이익을 볼 때는 크게 하시면 됩니다. 그런 형태로 대응과 관리 전략을 이용해서 시장에 임하시면 될 것 같습니다.

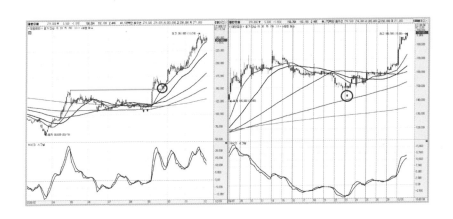

   대한유화입니다.

   대한유화는 지금 보시는 것처럼 2020년 4월 29일에 고점이 굉장히 크게 발생했습니다.

그래서 이 고점을 보면 일치되는 부분이 바로 9월 22일과 23일입니다.

9월 22일에 전고와 이동평균선 지지가 있었습니다. 9월 22일과 23일을 60분봉 차트에서 확인해보겠습니다.

9월 22일에는 시그널이 나오지 않았고 23일에 시그널이 발생했습니다. 그런데 이전 저가가 없이 9월 23일 오전 10시경에 발생한 60분봉 차트에서 제일 저가를 형성했습니다.

그래서 이 60분봉 차트 밑에다가 스탑을 놓고 여러분들께서 매수하셨다면 9월 23일 이후로 상승하는 모습을 볼 수 있습니다.

역시 대응과 관리는 하방을 철저히 막으면서 1차 매도하고 2차 매도 후에 스탑을 본전에 올려놓고 장기 투자를 할 수 있는 계좌의 상황도 되고 심리적인 여유도 생기게 하는 것입니다.

다음 차트를 한번 보겠습니다.

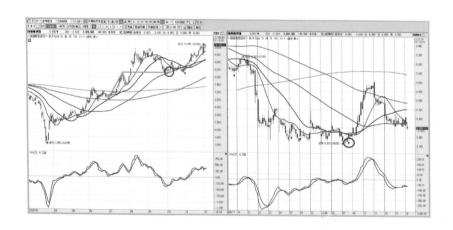

미래에셋대우입니다.

굵직굵직한 변곡점들이 많이 생겼습니다.

이러한 변곡점들이 생겼는데 이동평균선과 전고점이 맞닿는 부분이 10월 7일, 딱 하루입니다.

10월 7일의 60분봉 차트를 확인해보겠습니다.

여기서 매수 시그널이 나오고 오후 한 시쯤에 매수를 하고 오전에 생긴 8,320원 밑인 8,310원에 손절을 잡는다면 이렇게 1차 매도, 2차 매도한 이후에는 매수가에 익절 상태로 올려놓고 향후 움직임을 보실 수가 있었습니다.

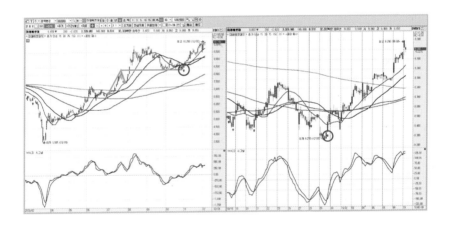

여기에서도 이렇게 이중바닥이 나오는 현상이 보입니다.

이것은 한 번 더 확인을 해드리는 것입니다.

이중바닥과 매수 디버전스가 나왔습니다.

여기서 올라갈 때 이익 실현을 충분히 해놓고 계좌에 힘을 충전한 다음에 10월 29일로 가보겠습니다.

10월 29일로 가니까 여지없이 매수 시그널이 60분봉 차트에서 발견됩니다.

그리고 장 끝나기 한 시간 전에 매수를 하고 시그널이 나온 60분봉 차트 밑에다 스탑을 잡았다면 그 뒤에는 훨씬 더 상승을 하는 그런 국면을 보시고 또 전고점도 돌파하는 이런 국면도 발생하는 것을 확인하실 수 있었습니다.

이렇게 계속 똑같은 규칙성을 여러분들께 확인시켜드리고 있습니다.

직접 해보셔야 됩니다. 하버드대학교 나오고 예일대학교 나오고 프린스턴대학교 나온 그런 머리 좋은 사람들한테 수영책 100권을 주고 "야, 이거 읽고 수영해봐"라고 하면 과연 수영을 할 수 있을까요? 아마 할 수 없을 것입니다.

매매도 같은 거라고 생각합니다. 방법과 이론을 알았다면 내가 시간과 노력을 들여서 경험을 해야만 할 수 있는 거라고 생각합니다.

제발 눈으로만 공부하지 마시고 직접 해보시는 것을 적극 권해드립니다.

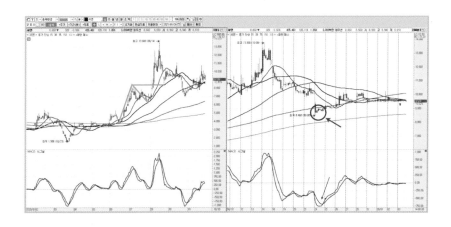

서연이라는 주식입니다. 굵직한 전고가 있습니다.

이 전고에서 어떻습니까? 전고가 지지되는 날이 8월 24입니다. 60분봉 차트의 8월 24일로 가보면 여기에서 시그널이 나와야 하는데 시그널이 나오지 않았습니다

0.5% 정도는 이런 케이스가 발생하는데 이런 케이스에서는 60분봉 차트에서 골든 크로스가 발생할 때 매수를 하시고 똑같이 이전 저점 밑에다가 스탑을 놓고 매매하시면 됩니다.

시그널이 없더라도 이 날짜의 60분봉 차트에 MACD가 시그널선을 골든 크로스하는 지점을 매수 타이밍으로 잡으시면 됩니다.

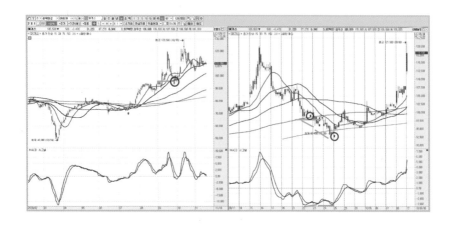

이 차트는 SK가스입니다. SK가스는 9월 23일입니다.

고점에서 쭉 가보면 9월 23일, 24일 양일간에 전고점/이동평균선 지지 그리고 패턴 3의 형태를 보이게 되는데, 이 패턴 3의 형태는 다음 강의에서 다시 한번 확인을 시켜드리고 사례들을 연구해보도록 하겠습니다.

9월 23일과 24일을 한번 매수 시그널이 나왔는지 확인해보겠습니다.

9월 23일에 시그널이 나왔습니다.

여기서 사고 이 밑에다가 스탑을 놓으면 매수 디버전스도 발생했습니다. 그래서 '이번에는 오르겠지'라는 기대를 충분히 할 수 있었겠죠. 그런데 가격이 빠지면서 손절에 털리는 현상도 발생했습니다. 이런 변곡이 나올 확률이 높은 지점에서는 하루만 보지 말고 이틀, 삼 일 정도는 시도를 하셔야 된다고 말씀드렸습니다.

그런데 그다음 날인 23일을 보니 역시나 23일에는 나오지 않고, 24일에 시그널이 나오면서 매수 디버전스가 여전히 발생하고 있는 상황입니다.

그렇기 때문에 23일과 24일을 예의주시해서 변곡점이 될 거라고 기대하고 매수를 하셨다면 짧은 손절에 스탑이 날아가고 그다음 번에 매수 시그널이 나올 때 또 매수 디버전스가 나오는 현상을 보면서 가격은 상승하는 그런 국면을 확인하실 수 있었습니다.

제가 이렇게 여러분들한테 노하우를 알려드리는 이유는 이것을 알려드린다고 해서 제가 손실을 입지는 않기 때문입니다.

그러니까 여러분들도 이런 것을 배우고 익히셨으면 한번 직접 아날로그식으로 확인해보셔서 시장에서 잃지 않는 투자자가 되시기를 다시 한번 간절히 기대해봅니다.

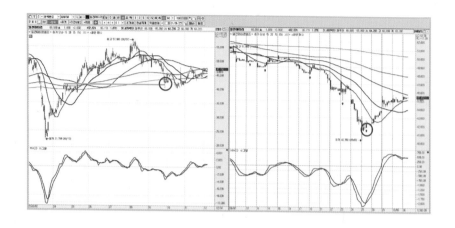

일진머티리얼즈 차트입니다. 보시면 변곡점을 중요하게 생각하셔야 하는데 여기에 큰 변곡점이 하나 있습니다.

그리고 어떻습니까? 9월 25일에는 전고점밖에 나오지 않았습니다. 전고와 이동평균선 지지를 기대했는데 전고밖에 나오지 않았습니다.

그럼에도 불구하고 한번 확인해보겠습니다.

9월 25일 전고만 나왔을 경우에도 60분봉 차트에서 매수 시 그널이 발생했고 봉의 중간에 매수해서 이 밑에 스탑을 놓는다고 가정할 수 있습니다.

하지만 전고만 나왔을 때 하겠다, 전고와 이동평균선이 같이 나왔을 때 하겠다, 그것은 여러분들의 선택입니다.

조건이 많을수록 더 보수적으로 할 수 있겠죠.

전고만 나왔을 때는 매수를 안 하고, 전고와 이동평균선 지지

가 나왔을 때는 진입하고, 전고와 이동평균선과 패턴 3과 같이
나왔을 때 매수하는 것은 이제 여러분들의 '선택'입니다.

　여러분들이 부단히 확인하시고 선택해서 매매하시면 됩니다.

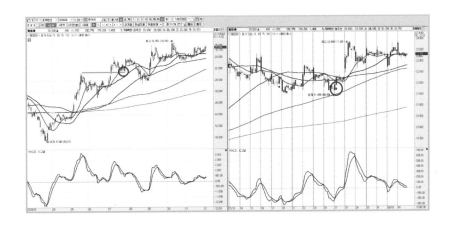

　케이씨 차트를 보도록 하겠습니다.

　케이씨 차트를 보시면 7월 27일 전고와 이동평균선에 이 가격
의 저점이 맞물리는 지점인데 60분봉 차트에서 확인해보면 7월
27일 정확하게 매수 시그널이 발생하고, 이 10시 봉 중간 가격
에 매수해서 이 밑에다 스탑을 놓고 운용을 하셨다면 계속해서
상승 흐름을 확인할 수 있었습니다.

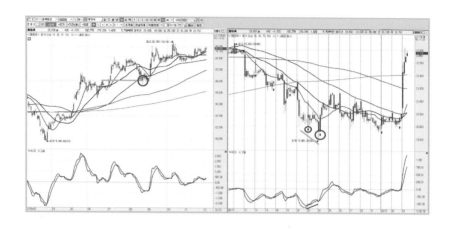

　그다음에도 다른 특이사항이 있었는지 한번 찾아보면 방금 전의 차트에서도 전고점이 있지만, 바로 아래에 전고점이 하나 더 있습니다. 두 번째 전고와 이동평균선 지지가 맞물리는 날이 8월 20일 그다음 날인 21일, 그리고 월요일인 24일 세 날이 연달아서 이동평균선 지지와 전고지점이 맞물리는 현상입니다.

　8월 20일부터 확인을 해보겠습니다.

　8월 20일부터 확인해보면 20일은 시그널이 나오지 않았습니다.

　21일에 발생해서 8월 21일 시그널의 20,000원 밑인 19,950원에 스탑을 놨다면 약 2%의 스탑을 놨는데 바로 그다음 날 털렸습니다.

　다음 날도 변곡점이 될 확률이 있다라고 끈질기게 확인해보셨다면 바로 그다음 날 오전 10시에 매수 시그널이 발생하고, 또 이때 특성을 보면 매수 디버전스 현상이 발생하면서 가격이 상승하는 것을 보실 수 있습니다.

그렇기 때문에 두 번째 시그널에 매수를 하고 이 밑에다가 스탑을 다시 한번 놓고 매매를 하셨다면 결국에는 변곡을 잡아내서 상승 흐름을 향유하실 수가 있었다는 것입니다.

우리나라 주식에서 발생했던 전고점 지지와 이동평균선 60분봉 차트에서 실시간 매수 타이밍을 여러분께 확인해드렸는데, 다음 장에서는 미국 주식에서 전고점 지지와 이동평균선 그리고 60분봉 차트에서 실시간 매수 타이밍이 발생하는 현상도 확인시켜드릴 것이니 계속해서 책을 읽어 나가시기 바랍니다.

5강

전고점/이동평균선 지지와 60분봉 차트를 결합한 실시간 매수 타이밍/미국 주식 등

이번 강의에서는 이전 강의에 이어 전고점 지지와 이동평균선이 함께 보여지는 곳에서 60분봉 차트의 실시간 매수 타이밍을 확인해보고 미국 주식에서도 같은 규칙성이 반복되는 것을 확인시켜드리겠습니다.

책과 강의에는 성공 사례가 많이 있지만 실패 사례도 찾아서 확인하고, 실패 시 대응과 관리 방법에 대한 준비도 반드시 하셔야 합니다. 실패한 케이스를 찾아서 유튜브나 매수의 정석 네이버 카페/장영한 주식TV에 올려주시면 그런 것들도 좋은 공부 자료가 됩니다.

100% 성공하는 기술적 분석의 매수 지점은 없습니다.

실패하는 케이스를 확인하시고 그런 현상들이 얼마든지 발생할 수 있다는 것을 보여주신다면 다른 분들도 공부가 되고, 저도 여러분들이 굉장히 많이 노력했구나, 그래서 홀로 서실 수 있겠구나, 라는 생각을 할 수도 있을 것입니다.

열심히 참여해주시는 분은 제가 선정해서 시스템시그널이나 차트북을 무상으로 제공해드리든지 그 노력에 대한 대가는 충분히 해드릴 것이니 지난 시간에 말씀드린 것처럼 홀로 서는 데 충분히 이용하셔서 손실을 보지 않고 지킬 줄 아는 투자자가 먼저 되셨으면 좋겠습니다.

차트를 확인해보겠습니다.

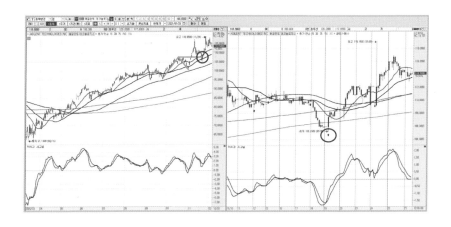

애질런트 테크놀로지스라는 뉴욕증시에 상장되어 있는 주식입니다. 전고와 이동평균선 지지가 어디에 발견이 되었을지 여러분들도 눈으로 찾아보시길 바랍니다.

그림으로 보이시죠? 파란 봉이 나왔던 11월 18일과 11월 19

일이 전고와 이동평균선도 되지만, 다음 강의에서 나오는 패턴 3도 같이 맞물리는 지점입니다. 그 지점인 11월 18일 60분봉 차트를 확인해보겠습니다.

11월 18일을 확인해보면 18일은 시그널이 나오지 않았습니다. 그리고 19일에 시그널이 발생했죠.

시그널이 발생한 시간 이전 저점이 없으므로 원칙상 시그널이 발생한 봉의 중간에 매수를 하고 이 60분봉 차트 저점 밑에다가 스탑을 놓는 것으로 하셨다면 그다음부터 계속 신고를 뚫는 그런 수익을 향유하실 수 있었습니다.

그다음에는 어디일까요? 여러분들도 눈으로 찾아보시기 바랍니다. 이게 변곡점을 그리는 것이 익숙해지면 눈으로도 충분히 찾을 수 있는데 그렇게 익숙해지기 전까지는 여러분들이 계속 선을 그으면서 변곡점을 찾아보셔야 합니다.

그런 단계가 끝나면 눈으로만 변곡점을 찾게 될 것입니다.

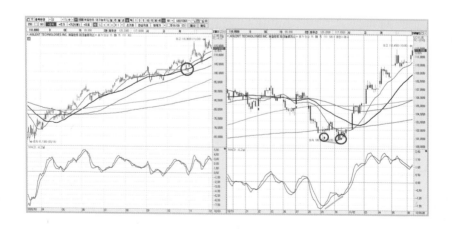

전고점과 이동평균선 지지가 되는 부분이 10월 29일입니다. 10월 29일도 있고 10월 30일도 있습니다.

10월 29일에는 여지없이 시그널이 발생했고 이전 저점 밑에다가 스탑을 놨다면, 스탑에 털렸을 수도 있고 안 털렸을 수도 있습니다. 스탑에 털렸다고 치더라도 그다음 날 여지없이 이중바닥과 매수 디버전스 현상이 나오면서 매수 타이밍이 발생한 것을 보실 수 있습니다. 한 번에 찍고 올라가면 좋다고 말씀드렸지만 그런 케이스는 드뭅니다. 항상 그다음 날이나 그 다다음 날 이틀, 삼 일 뒤에라도 변곡이 될 확률이 높다는 것을 항상 유념하시고 그에 대비를 하시면 될 것 같습니다.

ABCB 아메리스 뱅코프라는 주식입니다.

최근까지 큰 보합 국면을 만들다가 가격이 상승하고 있는 모습입니다.

전고를 찾아보겠습니다. 전고가 최근에 있습니다. 상승 추세가 나올 때 전고가 나옵니다. 보합 국면에서는 전고가 나오기 힘듭니다. 이렇게 지지선을 찾으면 전고와 이동평균선 지지가 됩니다.

이때가 10월 28일입니다. 10월 28일로 가보겠습니다.

10월 28일에 지난번처럼 그런 케이스가 있네요. 매수 시그널이 10월 28일 60분봉 차트에서 골든 크로스가 나는 부분에 나와야 하는데 나오지 않았습니다.

그래서 여기가 매수 타이밍이 될 것이고 시그널이 없더라도 이런 방식으로 이용을 하시면 됩니다.

시그널이 나오지 않았더라도 10월 28일에 시그널이 골든 크로스 날 때 매수하시고 이전 저점 밑에다 스탑을 놓으시면 1차 매도, 2차 매도 스탑을 익절로 올려놓고 대응하실 수 있습니다.

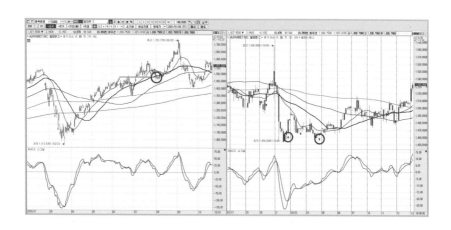

앞의 구글, 알파벳 C를 보겠습니다.

우상향하는 차트에서 전고가 나오는데 여기에 더블 탑인 전고점이 보입니다.

이중바닥의 반대는 더블 탑입니다.

더블 탑을 수평으로 그으면 이동평균선 지지와 역전고가 되고 이 지점은 역시 직선으로 내려보면 나중에 배울 패턴 3입니다.

이날이 7월 31일인데 이날의 60분봉 차트를 보겠습니다.

이렇게 7월 31일에 여지없이 시그널이 나오고 이 지점에서 매수하고 이전 저점 밑에다가 스탑을 놨다면 하루 이틀 후 가격이 상승하는 모습을 보실 수 있습니다.

규칙성이 똑같습니다.

여러분들께도 저희가 문제를 내고 정답을 알려드릴 테니 열심히 직접 그려 보시기 바랍니다.

앞의 페이스북 차트를 살펴보겠습니다.

역시 우상향하고 있고 월봉 차트를 보면 미국 건국 이래 역사상 신고가를 치고 있습니다. 지금도 가격이 움직이고 있지만 전고와 이동평균선 지지가 되는 부분을 눈대중으로 찾아보시기 바랍니다.

수평선이 보이시죠?

도지도 나왔습니다. 도지에 대해서 다시 한번 일깨워 드리면, 지지선상에서 도지가 나오면 변곡이 될 확률이 높습니다. 도지가 나오고 이동평균선도 지지되고 있습니다.

9월 21일의 60분봉 차트를 보면 역시 시그널이 나왔습니다.

시그널이 나오고 60분봉 차트상에서 도지가 나오면서 매수 디버전스가 발생했습니다. 그래서 이 60분봉 차트에서 매수하고 이전 저점 밑에 스탑을 놓으면 약 1% 정도의 스탑을 가지고 여러분들은 리스크 대비 리턴이 큰 그런 지점을 발견을 해서 충분히 수익을 누리실 수 있었음을 확인할 수 있습니다.

반복적인 규칙성을 이렇게 과거에서 찾는 이유가 무엇일까요? 여러분들이 온라인 강의를 제대로 듣고 과거에서 이런 지점들을 스스로 찾아보는 훈련을 해서 최종적으로는 현재 시점에서 이렇게 변곡이 될 확률이 있는 부분을 찾아서 매수하시면, 여러분들이 정보를 갖고 매매를 한다고 하더라도 얼토당토 않게 높은 지점에서 사서 고통을 겪는 일은 없으실 거라고 생각합니다.

상승 추세가 생기면 항상 일직선으로 가는 것이 아니라 조정을 받습니다. 그렇기 때문에 정보를 들어서 종목에 대해서 배워야 합니다. 그러면 이런 지점에서 발견했더라도 조금 더 조정을 받을 때까지 기다려서 지지선에서 매수하는 눈을 기를 수 있고, 좀 더 싼 가격에 구매할 수 있게 되실 겁니다.

그러니까 이런 방법도 배우셔서 정보를 가지고 또는 가치 투자를 하기 위해서 어떤 종목을 골라 놓으셨다면 이런 지지선과 같이 맞물리는 지점에서 사서 훨씬 더 낮은 가격에 사실 수 있는 것입니다.

개인적인 질문들을 하신다면 얼마든지 받아들이고 오픈채팅방이나 한 달에 한 번 정기 강의를 하기 때문에 오셔서 질문해 주시면 될 것 같습니다.

앞의 차트는 넷플릭스입니다.

넷플릭스는 나스닥에 상장되어 있습니다. 차트에서 전고점이 발견이 되었습니다. 이 전고점이 지지가 되는 날을 보시고 계십니다.

앞의 우측 그림을 보면 7월 23일과 24일 전고점이 맞물리고 이동평균선 지지가 있습니다. 물론 패턴 3하고도 일치되는 것을 보실 수 있습니다.

7월 23일과 24일로 60분봉 차트를 보겠습니다. 7월 23일에는 시그널이 나오지 않았습니다.

7월 24일에는 시그널이 발생한 것을 보실 수가 있습니다. 시그널이 발생한 시간에 저점이 발생했기 때문에 여기서 매수하고 1차 매도, 2차 매도 나머지를 계속 가져갔다면 굉장히 큰 상승 흐름을 향유하실 수가 있었을 것입니다.

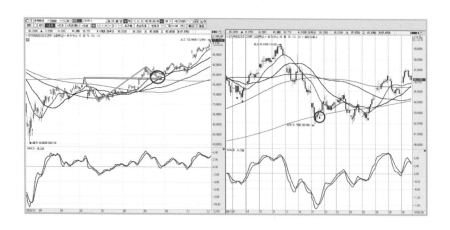

이번에는 스타벅스를 보겠습니다.

앞의 그림을 보면 우상향하는 차트에서 굵직한 변곡점이 보입니다.

전고점 이동평균선 지지 패턴 3입니다.

패턴 3의 효과를 보시면, 다음에 전고점 이동평균선 지지 패턴 3에도 해당되지만, 일단 전고점 이동평균선 지지와 맞물립니다. 이 지점에서 60분짜리 차트를 확인해보겠습니다.

9월 21일입니다.

60분봉 차트를 보시면 매수 시그널이 발생했고 매수하고 이전 저점 밑에다가 스탑을 놓고 여러분이 대응과 관리를 하셔야되는 것을 보실 수 있습니다.

잠깐 설명을 드리면 나중에 말씀드릴 N자형도 이런 지점에서 표시가 되는데, N자형은 패턴 1에서 유일하게 잡을 수 있는 매수 타이밍입니다. 도대체 어느 시점에 매수 진입을 해야 할지 저도 제일 힘든 부분이 패턴 1입니다.

물론 패턴 1을 보이고 엄청나게 상승을 하는 케이스가 많습니다. 그래서 굉장히 유혹적인 부분이긴 한데 패턴 1을 실제로 잡으려면 굉장히 어렵습니다.

그래서 지금까지 아직 말씀드리지 않고 차트를 보고 훈련하는 것을 어느 정도 경험한 다음에 패턴 1에 대해서 설명을 드리려고 아껴 놓고 있는 것입니다.

패턴 1에서의 매수 타이밍은 일단 여기가 N자형이다, 정도로

알아 주시고 나중에 한 번 더 구체적으로 확인을 해드릴 거니까
패턴 1에 대해서도 한번 살펴보았습니다.

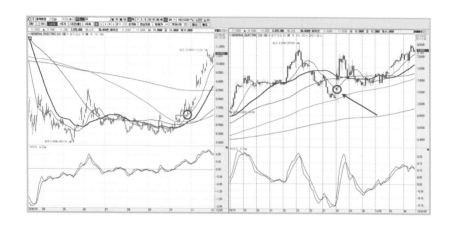

GE 제너럴 일렉트릭입니다.

전고와 이동평균선 지지가 맞물리는 곳이 그림에 있습니다.

10월 27일입니다. 10월 27일로 가보면 당일은 매수 시그널이
안 나오고 28일에 시간 외에서 이렇게 시그널이 나왔습니다. 처
음 진입에선 바로 털렸겠죠. 아쉽지만 할 수 없습니다. 이런 경
우도 발생합니다.

100% 신뢰하지 마시고 본인이 직접 확인하시고 어떻게 대응
해야 할지 생각해보시길 바랍니다. 물론 확률은 높다고 저도 자
신하지만 실패하는 확률에 대해서도 항상 대비를 해야 합니다.

실패할 때를 항상 대비해서 위험 관리와 이익 관리가 몸에 배
어 있으셔야 됩니다.

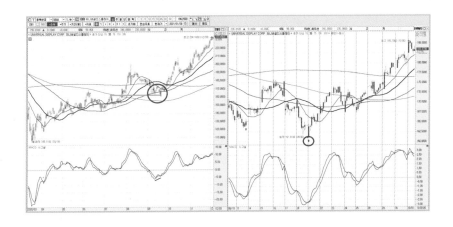

　OLED 유니버셜 디스플레이를 다시 한번 설명해드리겠습니다. 전고와 이동평균선 지지가 어디에서 발생했을까요?

　전고점이 하나 있어서 수평선을 그어보니 9월 18일과 21일 양일간에 걸쳐서 전고점과 이동평균선 지지가 발생했습니다.

　정확하게 보시면 첫 번째 날에는 닿지 않았습니다.

　9월 18일과 21일로 가보겠습니다. 굉장히 과학적입니다.

　기술적 분석은 숫자를 표현하는 것이기 때문에 9월 18일과 21일로 가보면 조그맣게 매수 디버전스도 발생했습니다.

　전고 이동평균선 지지 이중바닥 매수 디버전스 4개가 발생한 것입니다. 그러니까 상승 확률이 훨씬 높습니다.

　그래서 9월 18일과 21일은 4개가 겹치는 지점이기 때문에 반드시 지켜보셨다가 변곡이 되는 지점을 잡아내셔야 됩니다.

　9월 18일로 가보겠습니다.

9월 18일의 60분봉 차트를 보면 당일은 시그널이 나오지 않고 다음 거래일인 9월 21일에 시그널이 나옵니다. 이 60분봉 차트 중간에 사고, 그날 저점이 제일 저점이기 때문에 매수에 대한 손절을 놓으셨다면 그 뒤에 크게 상승하는 모습을 확인하실 수 있었습니다.

여유가 있다면 일봉 차트에서 신고를 치는 지점까지 견디실 수 있었겠죠. 유니버설 월봉 차트를 보면 역사상 신고가를 향해서 올라가고 있습니다. 이런 현상이 매년, 매해, 전 세계 어느 국가이든 대형 우량주에서는 똑같은 현상이 발생한다는 것을 강조해드리고 싶습니다.

중국 주식에서도 대형 우량주만 골라서 매매하신다면 이런 규칙성들을 충분히 경험해보실 수 있습니다.

직접 확인해보시고 여러 종목의 사례를 골라서 직접 확인도 해보신다면 여러분들의 실력은 반드시 향상될 수 있습니다.

직접 실천해보시기 바랍니다.

앞의 차트는 ADSK 오토데스크라는 차트입니다.

우상향하다가 어느 정도 보합 국면을 보이고 패턴 1을 보이고 또 N자형입니다.

조그맣게 변곡이 발생했고 그림처럼 지지가 되고 있습니다.

그래서 10월 29일과 30일을 60분봉 차트에서 확인해보겠습니다.

10월 29일에 시그널이 발생했습니다. 여기서 샀다면 이익 관리를 탄탄히 하시는 분들은 2~3% 위에서 이익 실현을 한번 했을 수도 있습니다. 만약 손절에 털렸다면 다음 날인 30일에도 매수 디버전스가 발생하는 것을 확인해서 하루 더 매수 시도를 해볼 수 있었을 겁니다.

6강

전고점/이동평균선/패턴 3과 60분봉 차트를 결합한 실시간 매수 타이밍/한국 주식

　이전 강의에서는 전고점과 이동평균선 지지 60분봉 차트를 결합한 실시간 매수 타이밍에 대한 사례를 많이 보았습니다.

　이번 강의에서는 전고점 지지와 이동평균선 그리고 패턴 3까지 연결해서 조건이 세 가지인 지점에서만 매수 타이밍을 잡는 모습을 보여드릴 텐데, 여러분들께서 조건이 두 가지일 경우 움직이는 것과 조건이 세 가지 또는 네 가지 경우에 움직이는 현상은 여러분들의 선택에 맡겨야 할 것입니다.

　조건이 한 개인 경우보다는 조건이 두 개, 세 개일 경우 더 지지될 확률이 높다라는 것을 경험적인 측면에서 확인을 했습니다. 이제는 여러분들이 그런 현상들을 미리 확인해보시고 어느 지점에서 움직여야 할지를 선택하셔서 매수 시도를 해보시고 위험 관리를 함께 해보시면 될 것 같습니다.

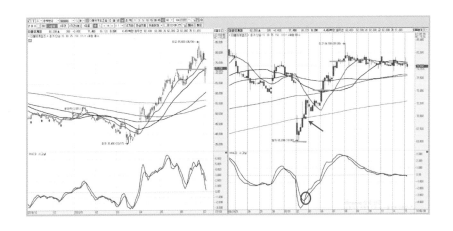

본격적으로 사례를 보면서 이야기를 할 텐데 더블유게임즈를 보겠습니다.

7월 2일 가격이 신고점을 찍고 빠졌는데 여러분들께서 보시기에도 차트상 전고점이 존재하고 있다는 것을 보실 수 있습니다. 또 7월 2일은 전고점도 충족하고 33일이동평균선 지지선도 충족하면서 MACD가 패턴 3의 현상, 즉 33일 이동평균선이 지지가 됩니다. MACD가 0선 근처에서 골든 크로스가 나는 지점을 기대해서 7월 2일 지점에 매수를 하게 되었다면 60분봉 차트에서는 과연 어떤 타이밍에 매수를 해야 될지 함께 확인해보도록 하겠습니다.

7월 2일 60분봉 차트를 보면 이미 MACD가 골든 크로스가 나는 지점에서 매수 시그널이 발생했습니다. 스탑이 좀 크지만 오후 2시 봉의 중간 가격에 사고 65,200원 바로 밑인 65,100원에 스탑을 놓았다면 상승하는 움직임을 확인할 수 있었을 것입니다. 가격이 올라가면 스탑이 아래에 있기 때문에 하방을 완벽히 막은 상태에서 1차 매도를 하고 2차 매도를 한 다음 매수가 또는 매수가 근처 또는 더 지키는 것을 좋아하시는 분이시라면 약간의 익절 2%든 3%든 익절 위에 스탑을 놓고 장기적인 투자도 나머지 비중에 대해서는 할 수 있었을 것입니다.

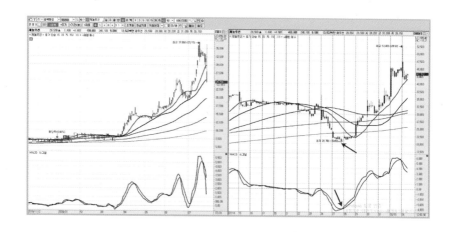

제놀루션입니다.

7월 24일을 보면 전고와 이동평균선 지지가 함께 진행이 되고 있습니다. 전고와 이동평균선 지지가 함께 진행이 되고 이날에 해당하는 60분봉 차트로 가서 매수 시그널이 발생하면 매수하거나 MACD가 시그널선을 골든 크로스 하는 지점에 매수 타이밍을 잡는다면 매수 시그널이 없어도 충분히 매수 타이밍을 잡을 수 있었을 거라고 생각합니다.

7월 24일 60분봉 차트로 가보겠습니다.

24일엔 시그널이 나오지 않았습니다.

보통 시그널은 조건이 충족되는 날 또는 다음 날까지 유효하다고 했는데, 이렇게 전고와 이동평균선 지지 패턴 3이 동시에 지지될 수 있는 조건이 나온 날에 60분봉 차트로 가면 MACD가 시그널선을 골든 크로스하는 이 지점에 보통 매수 시그널이 발생합니다. 당일에는 시그널이 발생하지 않았고 7월 27일에 MACD가 시그널선을 골든 크로스하는 이 지점을 매수 타이밍으로 예상하고 있습니다.

이 지점에 매수를 했다면 이 밑에다가 스탑을 놓고 가격이 또 운이 좋게 급등을 하는 그런 변곡점의 하단 지점을 잡으신 것을 확인하실 수가 있습니다. 일봉 차트상에서 지지선이 되는 그 날짜부터 여러분들께서 계속 변곡을 잡을 기회를 엿보고 있다가 60분봉 차트에서 매수 시그널이 뜨거나 MACD가 시그널선을 0선 이하에서 상승 돌파한 지점을 매수 타이밍으로 잡으시면 확률이 좋다는 것을 보실 수 있습니다.

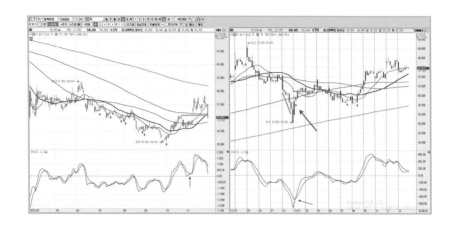

GS입니다.

최근 11월 30일 전고점이 보였고 이동평균선 지지도 함께 발생했습니다.

이동평균선 지지를 받고 올라간다면 MACD가 0선 근처에서 골든 크로스를 내며 올라가는 패턴 3 현상도 확인하실 수 있습니다.

11월 30일 60분봉 차트를 보시면 당일에는 일봉 차트에서 조건을 충족했지만 MACD가 시그널선을 상승 돌파를 하지 않았습니다.

다음 날 MACD가 시그널선을 상승 돌파하면서 매수 시그널이 발생했고 이전 저점 밑에 스탑을 놓고 1차 매도를 한 상태에서 조금만 더 위로 손절을 올려 놓으셨다면 가격이 하락을 하더라도 큰 손실 없이 무승부의 상황으로 시장에서 빠져나와서 다음 기회를 노릴 수 있을 거라고 생각됩니다.

LG하우시스를 보겠습니다.

LG하우시스는 현재 진행형으로 보실 수 있습니다.

패턴 3의 현상이 보였고 33이동평균선 지지 0선에서 골든 크로스를 하려다가 살짝 내려와서 패턴 3을 보이고 가격이 상승하는 모습을 볼 수 있습니다. 이 두 구간은 이동평균선 지지와 패턴 3 구간으로만 정의가 되고 있지만, 현재 시점을 보면 12월 4일 금요일에 전고와 이동평균선 지지 그리고 패턴 3이 어우러져서 발생 가능성이 높은 지점이라고 생각합니다.

12월 7일 60분봉 차트에서 매수 디버전스 현상이 보이고 가격이 더 올라간다면 분명히 골든 크로스가 나면서 매수 시그널이 발생하고 이 차트에서도 빨간색 매수 시그널이 발생할 거라고 생각합니다. 매수 디버전스 현상도 이미 충족이 되었습니다.

전고점 이동평균선 지지 패턴 3 그리고 60분봉 차트에서 매수 디버전스가 나올 확률이 높은 지점만 골라서 권해드리는 사례이니 영상이 나오고 나서부터 지켜보시면 결과를 아실 수 있을 것입니다.

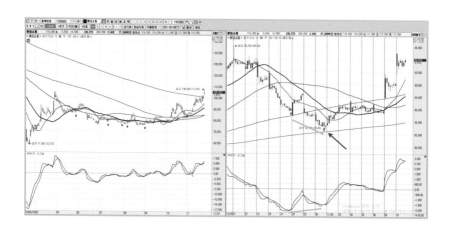

롯데쇼핑 차트입니다. 10월 30일입니다.

작은 전고점이 발생하고 전고점과 맞물리면서 이동평균선 지지가 함께 발생하고 있습니다.

전고와 33일 이동평균선 지지 그리고 여기서 가격이 올라가면 MACD가 시그널선을 상승 돌파하는 패턴 3의 모습을 보일 수 있었는데 여지없이 가격이 지지가 되고 상승했습니다.

10월 30일 롯데쇼핑의 60분봉 차트를 확인해보겠습니다.

10월 30일의 60분봉 차트로 가니 조금 전 LG하우시스의 진행형처럼 10월 30일 시그널이 발생했고 매수 디버전스 현상이 발생했습니다.

다시 한번 말씀을 드리자면 전고 이동평균선 지지 패턴 3, 그리고 60분봉 차트에서 매수 디버전스가 발생을 하고 시그널이 여지없이 발생했습니다. 이러한 지점에 여러분들이 매수를 하고 1차 매도, 2차 매도를 하는 부분에 대해서는 굉장히 어려운 부분이기 때문에 어떤 논리가 있는 것이 아닙니다.

내 계좌가 마이너스가 되어 있으면 매도 시점을 아무리 기다리려고 해도 이익이 난 상태에서 심장이 쿵쾅거려서 오래 버티지 못하는 경향이 있고, 내 계좌가 이익이 난 분들은 여유 있게 버틸 수 있습니다.

매수 타이밍은 여섯 가지를 알려드리지만, 매도 타이밍은 어느 지점에서 매도하라고 할 수가 없습니다. 여러분들도 실제로 매매해보시면 충분히 느끼실 수 있습니다.

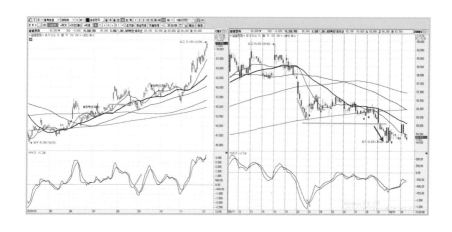

삼성전자 차트입니다.

8월 20일 전고점과 이동평균선 지지 후 가격이 상승했다면 패턴 3이 성공했겠죠. 하지만 가격이 어느 정도 올라갔다가 빠졌습니다. 중요한 것은 이것입니다.

결과적으로는 가격이 빠졌지만 위험 관리를 했을 때와 하지 않았을 때의 차이를 60분봉 차트로 보여드리도록 하겠습니다.

8월 20일 60분봉 차트를 보시면 당일에는 시그널이 나오지 않았고, 다음 거래일인 21일에 매수 시그널이 나옵니다. 이전 저점 밑에다가 스탑을 놨다면 1차 매도하고, 손절을 본전 또는 그 밑으로 올렸다면 스탑을 당했을 것이고 그렇지 않았다면 한참 뒤 손절에 날아갔을 것입니다.

여기에서 스스로 판단을 해보시길 바랍니다. 내가 스탑을 올려놓고 약 2~3% 정도가 올랐는데 여기서 이익 실현을 못했다고 하더라도 위험 관리를 했더라면 큰 손실을 보지 않고 시장에서 빠져나올 수 있을 것입니다. 그것이 바로 지키는 매매 방법 중에 하나라고 자신 있게 말씀드릴 수 있습니다.

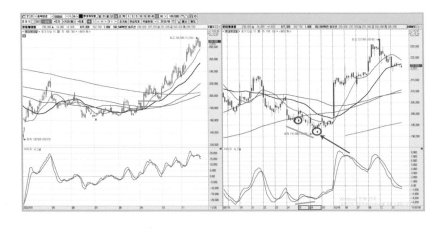

롯데케미칼 차트입니다.

9월 28일 전고점과 이동평균선 지지가 맞물렸습니다.

전고 이동평균선 지지 그리고 MACD가 0선에서 골든 크로스한 뒤 올라가는 패턴 3의 모습을 확인하실 수 있습니다.

9월 28일 60분봉 차트를 확인해보겠습니다.

60분봉 차트에서도 매수 시그널이 발생했는데 또 하나의 특징이 있습니다. 매수 디버전스 현상이 발생했습니다.

9월 25일도 60분봉 차트에서 매수 시그널이 발생했는데 매수해도 되지 않냐고 질문하시는 분들이 간혹 있습니다. 그렇다면 저는 충분조건과 필요조건에 대해서 설명을 드립니다.

'60분봉 차트에서 매수 시그널이 나왔다고 매매를 하는 것을 충분조건'이라 하고, '필요조건이라고 하는 것은 반드시 일봉 차트 조건에서 근거'가 있어야만 60분봉 차트로 가서 매수 시그널이 나왔을 때 매수를 하는 경우입니다.

일봉 차트에서 조건이 충족되었느냐 하는 점이 가장 중요한 것입니다. 일봉 차트에서 조건이 충족한 날로 60분봉 차트를 가면 28일밖에 없습니다. 그렇기 때문에 28일이 가장 적합한 매수 타이밍이라고 생각하시면 될 것 같습니다.

이 종목은 서울반도체입니다.

이동평균선 지지 패턴 3이 동시에 맞물리고 있습니다.

패턴 3 MACD가 늦는다고 하는 것에 대해 다시 여러분들에게 확인시켜드리겠습니다.

가격이 움직이고 이동평균선이 움직입니다.

MACD는 이동평균선을 근간으로 해서 만든 지표입니다.

가격이 제일 빨리 움직이고, 두 번째로 이동평균선, 세 번째로 MACD가 시차를 두고 움직입니다.

8월 20일에서 한 칸(하루)을 더 움직여서 가격이 올라갔는데도 불구하고 MACD는 조금 더 빠졌습니다.

3일째부터 MACD가 꺾여서 올라가게 되는데 MACD가 골든 크로스가 나는 지점에서 매수를 하게 되면 높은 가격에서 매수를 하게 됩니다.

그렇게 되면 스탑을 이전 저점 밑에 똑같이 놔야 합니다. 이런 현상을 피하고 스탑을 짧게 가져가고자 MACD가 0선 근처에 오면서 실제 봉의 가격이 33이동평균선에 닿을 때가 제일 저점일 확률이 높습니다. 그렇기 때문에 이때 60분봉 차트상에서 이 하단에 잡고 이전 저점 아래에 스탑을 놓는다면 굉장히 짧은 스탑으로 매매에 임할 수 있다는 것이었습니다.

다시 한번 8월 20일 60분봉 차트를 확인해보도록 하겠습니다.

가격이 올랐습니다. 8월 20일 60분봉짜리 차트를 보면 20일에는 매수 시그널이 발생을 하지 않았고, 21일에 장이 시작하자마자 매수 시그널이 발생했습니다.

이전 저점 밑에다가 스탑을 놓고 여러분들께서 1차, 2차 또는 3차 매도까지 가져가실 수 있는 여유가 있다면 충분히 매수 타이밍으로, 중요한 국면으로 생각하실 수 있습니다.

이런 규칙성을 잘 확인하셔서 실제 매매에 부단히 이용해보시고 확률을 내보신다면 아마도 좋은 결과가 나오지 않을까 싶습니다.

티씨케이 차트를 보도록 하겠습니다.

9월 11일에 60분봉 차트로 가보면 똑같이 매수 시그널이 발생했고 60분봉 차트상에서 매수 디버전스 현상이 발생했습니다.

결과적으로는 가격이 빠지긴 했지만 살짝 올라가 있는 상태였습니다. 이 지점에서 올라가서 떨어졌는데 과연 여기에서 사서 이전 저점 밑에다가 스탑을 놓았다면, 이렇게 가격이 올라갔을 때 이익 실현을 하지 않았다면 어떻게 되었을지는 생각을 해 볼 문제입니다.

저는 주식의 기본은 '예측이 아니라 관리'라고 항상 주장하는 사람입니다. 예측을 10초라도 먼저 할 수 있다면 그 누구보다 더 많은 돈을 벌 수 있겠지만 그럴 수 있는 사람은 이 세상에 없겠죠. 관리가 더 확실하다고 생각합니다.

예를 들어서 가격이 올라간 후 떨어졌을 때 이익 실현을 한 사람도 있고 그 후에 손실을 보고 있는 사람도 있습니다. 그 이유를 생각해보시면 예측을 잘해서 돈을 번 것이 아니라 관리를 잘해서 돈을 벌었다고 생각하시는 것이 맞는 것 같습니다.

　주식을 시작하시려는 분들이 항상 제일 먼저 생각해야 될 것은 다음과 같습니다. 예측을 하는 데 노력을 해서 어떤 수많은 정보를 얻을 것인지, 아니면 위험 관리와 이익 관리를 하는 것에 초점을 맞춰서 관리 측면의 주식을 배우는 게 훨씬 더 나을 것인지, 먼저 생각해보시고 주식 시장에 뛰어드시는 것이 현명하다고 생각합니다.

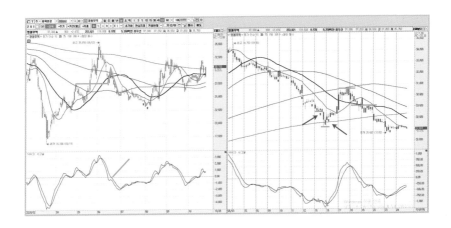

　영원무역 차트를 보겠습니다.

　6월 15일입니다. 전고와 이동평균선 지지가 맞물리고 패턴 3이 성공했다면 여기서 올라갔겠지만, 올라갔다가 떨어지는 현상입니다.

이런 경우 여기서 가격이 올라갔다가 떨어지는데, 왜 여기에서도 누구는 이익을 보고 나오고 누구는 계속 손실을 경험해야 되는지 여러분들도 곰곰이 생각해볼 문제입니다.

6월 15일의 영원무역 60분봉 차트로 가보겠습니다.

매수 시그널이 발생하고 여기서 매수하고 짧게 스탑 아웃되어서 다음 날 한 번 더 매수 시그널이 발생했을 때 매수를 했다면 이 밑에 스탑을 놓고 가격이 이렇게 올라갔을 때 이전에 손실 본 부분을 충분히 만회했을 것입니다. 더 나아가 1차 매도, 2차 매도 후 스탑을 위로 올렸다면 손실 본 부분을 충분히 만회하고도 남는 수익을 볼 수 있었습니다.

조금 전에도 말씀드렸듯이 관리 측면이 훨씬 더 주식 공부하기가 좋다는 것이죠.

전고 이동평균선 지지 패턴 3 현상에서 60분봉 차트의 실시간 매수 시그널을 결합한 아주 정확한 매수 타이밍을 제시해드렸습니다. 다음에는 이러한 현상이 한국 주식뿐만 아니라 미국 주식에서도 발생하는 모습을 확인시켜드리도록 하겠습니다.

7강 전고점/이동평균선/패턴 3과 60분봉 차트를 결합한 실시간 매수 타이밍/미국 주식

이번 강의에는 지난 시간에 이어서 전고점과 이동평균선 지지, 그리고 패턴 3이 함께 어우러지는 것을 보려 합니다. 동시에 그 날짜의 60분봉 차트로 가서 매수 시그널이 나온 것을 확인하고, 실시간으로 매수하고 스탑은 어디에 놓는지 미국 시장에서 함께 확인해보겠습니다.

기술적 분석이나 가격 분석이라는 것은 오로지 시장의 유일한 사실인 가격만을 가지고 분석해서 매수 타이밍을 잡는 과학적인 방법입니다.

그렇다고 해서 차트가 100% 앞일을 맞춰주는 것은 아닙니다.

어떤 분들은 차트가 앞일을 맞춘다고 말씀하시는데 그렇다면 전부 다 차트를 공부하고 매매해서 돈을 벌겠죠.

하지만 정보도 마찬가지고, 차트도 마찬가지입니다.

두 가지를 100% 믿고 매매하는 것이 아니라, 확률을 스스로 발견해서 그 지점에서 매수 시도를 하면서 경험이 쌓인 자신만을 믿고 매매를 하는 것이지, 차트 역시 정보와 마찬가지로 도구일 뿐입니다.

정보도 마찬가지로 수많은 정보를 가지고 매매하면서 경험이 쌓인 자신을 믿고 매매하는 것이지, 정보를 믿고, 차트를 믿고 매매한다는 것은 어불성설입니다.

이런 도구를 이용해서 위험 관리와 이익 관리를 함께하시는 본인을 만드는 데 전념하시면 좋겠습니다.

지금까지 이동평균선과 MACD만으로 매수 타이밍을 잡는 방법을 말씀드렸는데 이 내용을 보신 후에 질문이 많이 생길 거라고 생각합니다.

네이버 카페에 '매수의 정석'을 검색 후 가입하시면 훨씬 더 많은 차트와 자료를 접하실 수 있습니다. 그곳에서 질문하시면 '매수의 정석' 오픈 채팅방 비번을 알려드릴 것이니 단톡방에서도 활발하게 토론하고 공부하실 수 있습니다. 그리고 한 달에 한 번 정도는 유료 온라인 동영상 강의를 구매하신 분들을 위한 공개 강의를 진행할 것입니다.

여러분들이 온라인에서도 혼자서 공부하실 수 있게 최대한 지원해드린다는 의지로 이런 메뉴를 만들었으니 많이 활용해 주시기 바랍니다.

본 강의로 들어가겠습니다.

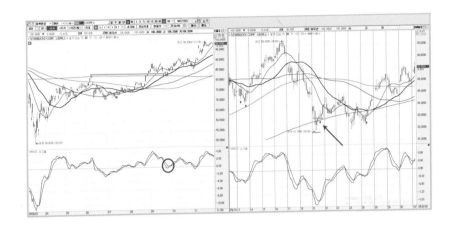

미국 주식에서 전고, 이동평균선, 패턴 3 그리고 60분봉 차트의 매수 타이밍을 확인해볼 텐데 먼저 스타벅스 차트를 보겠습니다.

전고 이동평균선 지지 패턴 3이 발생한 지점이 수평선 그림인데, 차트를 보시면 전고와 이동평균선 지지가 정확히 맞물려 떨어집니다.

33이동평균선 지지할 때 MACD의 위치를 보시기 바랍니다

가격이 올라가는 데도 불구하고 MACD는 0선 아래로 내려오는 시차가 발생한다는 것은 굉장히 중요한 부분입니다.

MACD가 0선에서 브레이크가 걸려서 올라갈 것이라는 것을 기대하고 33이동평균선 지지, 전고점 그리고 패턴 3이 될 것이라고 예측하고 9월 21의 60분봉 차트를 확인해보겠습니다.

매수 타이밍을 보겠습니다. 똑같이 당일에 MACD가 시그널선

을 상승 돌파하는 매수 타이밍이 발생했고, 이 지점 밑에 스탑을 놓고 며칠 동안 포지션을 유지하셨다면 큰 상승 국면을 경험하실 수 있을 거라고 생각합니다.

이런 규칙성을 계속 스스로 찾아서 확인해보시면 얼마나 확률이 높은 지점인지 말씀드리지 않아도 될 것 같습니다.

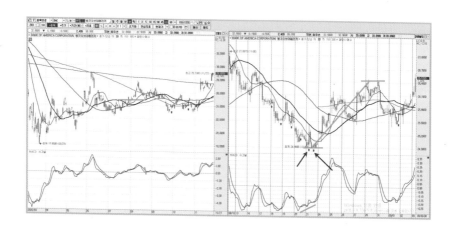

뱅크오브아메리카입니다.

전고와 이동평균선 지지가 되는 8월 21일 60분봉 차트를 보겠습니다. 이런 경우는 드문 경우입니다.

MACD가 두 번 골든 크로스가 발생하고 매수 시그널도 두 개가 발생했습니다.

거의 비슷한 가격대이기 때문에 시그널이 발생하는 60분봉 차트에서 매수하고 이 밑에다가 스탑을 놨다면, 1%도 안 되는 위험부담을 가지고 상당히 상승하게 되는 가격 흐름을 보셨습니다.

물론 꼭대기에서 매도하기는 쉽지 않습니다.

하지만 1차 매도, 2차 매도, 그리고 1차 매도 후에 약간의 익절 스탑을 놨다면, 계속해서 상승하고 있는 모습을 확인할 수 있어서 그 뒤는 여러분들의 재량에 맞게끔 매도하시면 되겠습니다.

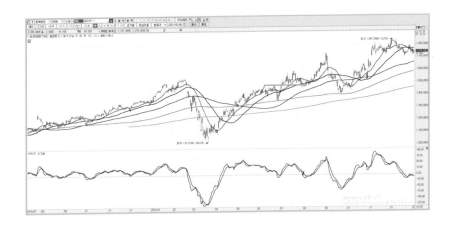

구글, 알파벳 C 차트를 보겠습니다.

7월 말쯤에 패턴 3의 움직임이 보이고 있습니다.

전고와 이동평균선 지지가 맞물리면서 패턴 3이 될 가능성이 있는 구글 차트입니다. 7월 31일의 60분봉 차트를 확인해보면 매수 시그널이 발생했고 시그널이 발생한 봉에 매수하고 이전 저점 밑에 스탑을 놓고 그다음 움직임은 보시는 것과 같은 모습입니다.

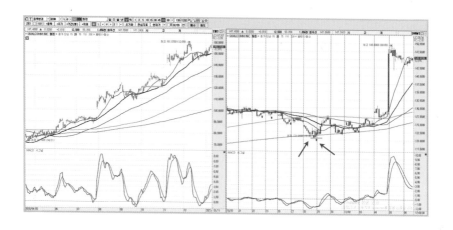

퀄컴이라는 주식을 보겠습니다.

이젠 어떤 부분이 패턴 3이 될지 어느 정도는 유추하실 수 있을 겁니다. 정확하게 10월 28일 차트를 보시면 전고가 조그맣게 있습니다. 전고가 있고 이동평균선 지지가 맞물리는 타이밍이 10월 28일입니다.

10월 28일의 60분봉 차트를 확인해보면 매수 타이밍이 나오고 이전 저점 밑에다 스탑을 놨는데 당일에 털려버렸습니다.

그런데 다시 한번 특이한 케이스로 같은 날 두 개의 매수 타이밍이 나왔기 때문에 짧게 스탑에 털리고 다시 한번 이 구간에서 두 번째 매수가 나올 때 매수하고 손절을 놓으셨다면 차트에서처럼 큰 상승 흐름을 향유하실 수 있었습니다.

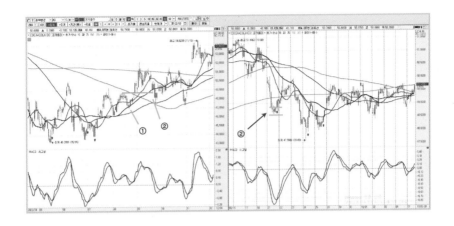

코카콜라 차트입니다.

패턴 3 구간이 어디 있는지 확인해보시기 바랍니다.

1번 구간도 패턴 3 구간이지만 전고점은 없습니다.

하지만 9월 21일 2번 부분를 보면 전고와 이동평균선 지지, 패턴 3이 맞물리는 지점입니다.

결과적으로 살짝 올랐다가 빠졌지만 위험 관리를 철저히 하시는 습관이 되어 있다면 결코 손해보지 않고 시장에서 빠져나올 수 있다는 것입니다.

9월 21일(2번)의 60분봉 차트를 확인해보겠습니다.

상대적으로 어느 정도 저점에 스탑을 놓고 1%~1.5% 정도 가격, 즉 49불에 사고 48.60이면 1%도 되지 않는 지점입니다.

1%도 안 되는 리스크를 가지고 매수하고 49불 정도에서 50불까지 올랐습니다.

매수한 다음에 2%가 올랐을 때, 1%나 1.5% 정도에 이익 실현을 하고 손절을 본전에 올렸다면 아무 손실 없이 이익을 챙기고 다시 한번 매수 기회를 볼 수 있었다는 것입니다.

그렇기 때문에 위험 관리에 대해서 조금만 더 철저하게 생각하시는 습관을 체득하셔야 합니다.

대부분의 주식 시장은 오전 장이 70% 정도의 변동성을 가지고 있습니다. 국내에서 오히려 한국 장을 하지 않고 미국 장을 오전 장 3시간 정도만 보신다고 하더라도 이익 관리와 손실 관리를 하신 다음에 스탑 운용만 잘하신다면 충분히 미국 주식도 같은 효과를 보실 수 있습니다. 저한테 배우신 분들이 한국 주식에서보다는 똑같은 패턴매매기법을 가지고 미국 주식에서 훨씬 더 수익률이 좋다는 통계가 있습니다.

여러분들도 이 점을 참고하셔서 미국 주식 시장에서 좀 더 추세가 좋은 종목들로 매매를 해보시는 것도 좋을 듯합니다.

코카콜라 차트가 9월 21일에 타이밍이 나왔는데, 여기에서도 바로 며칠 전 전고와 이동평균선 지지, 패턴 3의 형태가 나왔습니다.

11월 30일입니다. 11월 30일 60분봉 차트에서 정확하게 매수 시그널이 발생했습니다.

여기에서도 전고 이동평균선 지지 패턴 3의 형태입니다. 그런데 이날은 조금밖에 안 올랐고 여기에서도 전고 이동평균선 패턴 3 부근이 나왔지만, 이날은 이 매수 시점 이후로 현재 12월 4일까지 엄청난 상승 국면을 보여주고 있습니다.

똑같은 규칙성이 나왔는데 어떤 때는 조금 올라가고 어떤 때는 많이 올라가는 건 그날의 운이라고 생각합니다.

여러분들이 똑같은 규칙성을 반복해서 확인하시다 보면 하방을 막으며 매수하고, 이전 저점 밑에 스탑을 놓는, 이런 과정을 계속 하시다 보면 그다음은 시장이 돈을 벌어 주는 것입니다.

매수 후에 10%, 20%, 100% 올라간다고 하면 사지 않을 사람이 어디 있습니까?

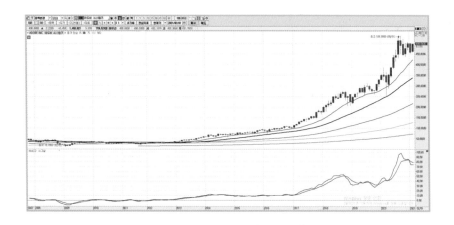

어도비시스템즈입니다.

월봉 차트를 한번 보여드리겠습니다. 어마어마하지 않습니까?

이런 좋은 미국 주식들이 지천입니다.

변동성 심한 우리나라 장에서 매매하지 마시고, 미국 장에도 자산을 분산해서 미국 주식 투자도 해보시면 좋은 수익률이 나올 것입니다.

ADM 아처-대니얼스-미들랜드입니다. 9월 8일 전고와 이동 평균선 지지가 맞물렸습니다. 패턴 3도 있습니다. 여러분들도 잘 확인하실 수 있을 것입니다.

9월 8일 60분봉 차트를 보면 매수 시그널이 나오고 이전 저점 밑에 스탑을 놨는데 거의 0.2~0.3%에 털렸습니다.

그리고 그날만 보는 것이 아니라 그다음 날도 제가 항상 강조하듯이 며칠 동안은 조건이 충족된 일봉 차트에서 2~3일 정도는 보셔야 된다고 했는데, 이날 0.2~0.3%에 털리고 다음 날도 보시면 여지없이 매수 디버전스 현상이 나옵니다. 가격은 이날을 저점으로 매수하고 이 밑에다가 스탑을 놨다면 대략 2% 정도 스탑을 놓고 다시 한번 매매를 해보실 수 있었습니다.

그래서 하루 만에 매매를 끝내지 말고, 한 번에 잡으려고 하지 말고 하루 이틀 또는 길게는 삼 일 정도까지 매수 시도를 해보시는 것도 좋을 거라고 생각합니다.

계속해서 ADM 아처-대니얼스-미들랜드 차트를 보겠습니다.

아처-대니얼스-미들랜드 차트의 9월 23일을 보시면 전고 이동평균선 지지 패턴 3의 형태를 보았습니다.

9월 23일의 60분봉 차트를 확인해보겠습니다.

당일은 시그널이 발생하지 않았습니다. 다음 날 역시 전고 이동평균선 지지 패턴 3 구간이라고 보시면 60분봉 차트에서 매수 디버전스가 발생했습니다. 매수 시그널이 나오고 이전 저점 밑에 스탑을 놨다면 그다음에 1차 매도, 2차 매도 등을 거쳐서 긴 상승 추세 국면을 향유하실 수 있었을 거라고 생각합니다.

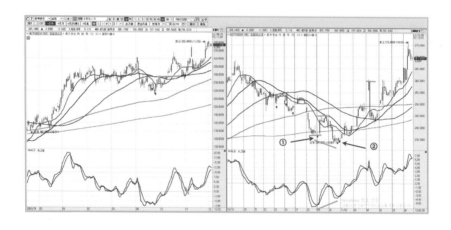

오토데스크입니다.

다소 복잡한 국면이 있는 오토데스크 차트를 보겠습니다.

조그만 변곡점을 그려보면 전고와 이동평균선이 맞물리는 지점의 첫날 하루, 이틀, 삼 일은 결과적으로는 3일 저점을 찍고 올라갔습니다. 이런 지점을 어떻게 공략해야 할까요? 패턴 3도 당연히 발생했습니다. 10월 28일 매수 타이밍이 나왔는지 확인해보도록 하겠습니다.

10월 28일 60분봉 차트에서는 매수 타이밍이 발생하지 않았고, 10월 29일(1번) 매수 타이밍이 발생해서 이 밑에 아주 짧은 0.2% 정도의 스탑을 놓고 여러분이 매수했다고 가정해보겠습니다. 여기에서 이익 실현을 하고 스탑을 본전에 올렸다면 계좌 피해가 없었겠죠.

설령 계좌 피해가 있었다고 하더라도 이날 매수해서 그다음 날까지 지켜보셨다면, 60분봉 차트에서 매수 시그널이 나오고 매수 디버전스가 발생했습니다.

2번 부분에서도 0.5% 안 되는 스탑 손절을 가지고 매수 시도를 해서 보시는 것과 같은 상승 흐름을 확인했다는 것, 이것 역시 관리를 했느냐 하지 않았느냐에 따라 수익을 챙겼느냐 챙기지 않았느냐로 귀결되지, 예측을 했느냐, 하지 않았느냐의 문제는 아니라고 봅니다.

물론 미국 장은 좋아서 사서 그냥 묻어만 놔도 좋습니다. 어느 해든지 1년 또는 2년만 묵혀 놓으면 평균 수익률 12% 정도는 나왔습니다. 그런 형태의 매매를 하실 수도 있고 이렇게 트레이딩을 하시는 분들은 정확한 매수 타이밍을 스스로 발견하기를 원하기 때문에 이런 타이밍을 여러분들께 제공을 해드리고 있습니다.

애질런트 테크놀로지스를 보겠습니다.

10월 28일(1번), 11월 18일과 19일(2번)도 확인이 될 수 있습니다.

11월 18, 19일(2번) 60분봉 차트를 확인해보겠습니다.

18일은 매수 타이밍이 나오지 않았고 19일에 매수 타이밍이 나와서 매수 후 손절을 그 이전 저가, 또는 그날의 저가 밑에 놨다면 12월까지 상승하는 국면을 여지없이 확인할 수 있습니다.

여러분들이 나머지 10월 28일, 29일, 30일 차트는 어떻게 되었는지 스스로 확인해보시고, 조금 전에 말씀드린 네이버의 매수의 정석 카페나 매수의 정석 오픈 채팅방에 직접 올려 주시거나 직접 찾아보시면 연습이 되지 않을까 싶습니다.

이렇게 제가 연구한 적합한 매수 타이밍을 제시해드렸는데, 이제 여러분들이 직접 해보실 차례입니다.

부단히 이런 지점을 찾아서 매수 시점을 활용하신다면 굉장히 짧은 스탑에 리스크 대비 리턴이 큰 지점이라는 것을 확인할 수 있기 때문에 이제는 여러분들께서 열심히 해주실 차례입니다.

8강 패턴 1 기간 조정의 이해와 N자형 매수 타이밍

이번 강의는 패턴매매기법을 하면서 가장 유혹적이면서도 가격이 많이 오른 패턴을 보여주는 패턴 1의 국면을 설명해드리도록 하겠습니다.

지금까지는 패턴 2 깊은 가격 조정, 패턴 3 얕은 가격 조정에 대해서만 매수 타이밍을 제시하고 설명했는데, 패턴 1보다는 패턴 2와 패턴 3에서의 매수 타이밍이 훨씬 더 간결하고 정확하게 나올 수 있어서 여러분들한테 많이 권해드리는 매수 타이밍이긴 합니다.

하지만 패턴 1을 여러분들께서 경험해보신다면 굉장히 매력적이라는 것을 쉽게 아실 수 있습니다.

패턴 1이 보는 것은 쉽지만 실제로 패턴 1로 포지션을 잡아서 수익을 향유하기까지 많은 시행착오와 어려움을 겪으실 텐데 한번 깊게 들어가 보도록 하겠습니다.

패턴매매기법은 상승 추세 속에서의 조정 국면에 진입하는 방법입니다.

패턴 1은 기간/시간 조정을 대변합니다.

패턴 2와 패턴 3은 가격 조정, 패턴 1은 기간/시간 조정입니다. 시장은 패턴 1, 2, 3의 휴식 국면을 수십 년 동안 똑같은 형태로 보여주었습니다.

패턴 2와 패턴 1이 나오고 상승 추세가 계속 이어진 다음에는 패턴 3의 매수 타이밍이 연속적으로 발생한다는 것을 확인했고, 책으로 또는 영상으로 그동안 많이 방송도 하고 설명도 해왔습니다. 이러한 현상은 앞으로 향후 10년, 20년, 30년 뒤에도 어느 나라 대형 우량주에서도 똑같은 현상이 보여질 것이라고 저는 확신합니다.

왜냐하면 지난 30여 년 동안 같은 형태의 패턴만을 가지고 매매했기 때문입니다. 패턴 1의 정의는 무엇일까요?

간단합니다. 패턴 1의 정의는 15 33 75이동평균선만이 해당합니다. 즉 15 33 75이동평균선이 한곳에 수렴하는 현상을 말합니다. 수렴의 정의가 무엇이냐고 질문하기도 합니다.

정확한 정의를 내리기는 힘듭니다.

한곳에 돋보기를 태양에 비춰서 한 점을 태우는 현상처럼 조밀하게 모여 있을수록 시장은 폭발적으로 발산한다는 원칙밖에 없습니다. 정확한 정의를 내리기는 어려우니 현상을 보면서 익혀보도록 하겠습니다. 여러 가지 현상을 보면서 이런 것도 패턴 1의 일종이라는 형태로 대변하기로 하겠습니다.

결국에는 패턴 1 기간 조정이 끝나게 되면 휴식 기간이 지나 시장은 다시 기존 추세를 이어간다는 관성의 법칙에 의해서 폭발적으로 상승하는 모습을 보이는데, 3개의 이동평균선이 수렴하는 것이 아주 기본 조건입니다.

하나의 조건을 덧붙이자면 최단기 15이동평균선이 33과 75이동평균선보다 아래에 있으면서 향후 75 또는 33이동평균선을 상승 돌파하는 모습이 보일(기대될) 때 가장 이상적인 패턴 1의 모습을 기대할 수 있습니다. 확률이 좋은 예로 차트에서 패턴 1이 기대가 되고, MACD는 패턴 3의 모습이 기대된다면 상승 확률이 높아진다는 것이 제가 발견한 현상입니다.

여러분들도 이러한 현상을 염두에 두시고 한국 주식 또는 미국 주식에서 패턴 1이 어떻게 보여지는지, 앞으로 설명하게 될 N자형 패턴은 무엇인지 배워보도록 하겠습니다.

차트를 보면서 패턴 1에 대한 모습과 N자형 패턴에서 어떻게 매수를 해야 하는지 여러분들께 자세한 설명을 드리도록 하겠습니다. 우리나라 주식 삼성전자 차트를 확인해보도록 하겠습니다.

15 33 75 150 300 이동평균선이 있는데 2개의 이동평균선을 삭제해보도록 하겠습니다. 기본적으로 상승 추세가 생성된 종목에서만 가능하다는 점을 기억하시고 150 300이동평균선을

삭제해보겠습니다.

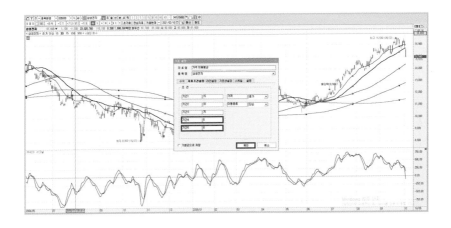

다시 차트를 보면 15 33 75이동평균선만 나오게 됩니다.

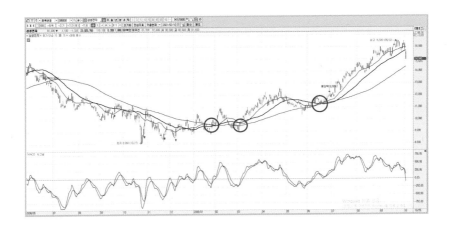

패턴 1의 예제는 이렇게 이동평균선이 수렴하고 있는 현상을 패턴 1이라고 보여드리고 싶습니다.

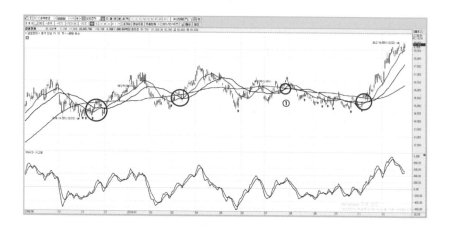

1번은 이동평균선이 수렴했지만 가격이 더 이상 올라가지 못하고 떨어졌고 1번 부분에도 이동평균선 수렴 현상이 발생하고 있습니다.

상승 추세 이후 길게 이동평균선 수렴 현상이 나왔고, 여기는 다른 형태의 이동평균선 수렴 현상이 나왔습니다.

진행해보면 이동평균선이 두 달 이상 수렴하고 신고를 뚫지 못하고 15이동평균선이 데드 크로스가 나면서 아래로 발산하는 패턴 1의 현상도 확인하고 계시고 있습니다.

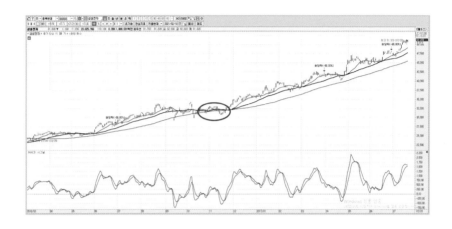

가격이 계속해서 내려가는 모습을 보이다가 패턴 1의 모습을 보실 수가 있고, 쭉 지나가면서 조정 국면이 끝났다고 생각이 되면, 또 이동평균선이 예쁘게 한곳에 밀접해 수렴한 패턴 1의 모습을 확인하실 수 있었습니다.

이동평균선 수렴을 했을 때는 이미 가격이 높이 상승한 상황이 많이 있습니다. 이곳에서 짧은 스탑으로 패턴 1을 잡고 들어가기가 굉장히 쉽지 않습니다.

이런 현상들을 먼저 확인하고 N자형 패턴에 대해서 소개시켜 드리도록 하겠습니다.

　여기에서도 15이동평균선이 데드 크로스가 나고 2019년 9월
에도 패턴 1이 나옵니다. 15이동평균선이 맨 아래에서 33 75를
골든 크로스하는 형태의 패턴 1, 여기는 15이동평균선이 데드
크로스가 나는 형태에서의 패턴 1입니다. 즉 가격 조정을 더 많
이 겪고 난 다음에 다시 한번 상승 추세가 이어지고 있는 모습
을 확인하실 수 있고, 현재 시점에 와서 패턴 1을 이곳에서 보이
며 계속 상승하고 있는 모습을 보실 수 있습니다.

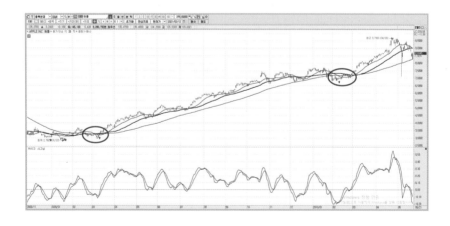

미국 주식에서 대표적인 애플 차트를 보겠습니다.

150이동평균선과 300이동평균선을 삭제하고 차트를 보시면 15 33 75이동평균선이 보입니다.

이런 상태에서 보시면 어떻습니까?

15이동평균선이 맨 아래에서 33 75를 골든 크로스하면서 패턴 1의 모습을 확인하고 계시고, 이곳에서도 마찬가지로 가격이 상승 분출하려면 15이동평균선이 33 75를 항상 골든 크로스하는 지점이 제일 확률이 높다는 것을 다시 한번 보여주고 있습니다.

위 차트에서도 마찬가지입니다.

15 33 75가 패턴 1을 보여줍니다. 더 이상 가격이 분출하지 못하고 두 번째 동그라미 부분에서는 15일이 33 75이동평균선을 데드 크로스 내면서 살짝 더 가격 조정을 보인 후에, 여지없이 세 번째 동그라미 구간에서 패턴 1을 보여주고 다시 상승하고

있는 그런 형태의 모습을 보실 수 있습니다.

데드 크로스가 나면서 패턴 1이 발생할 때는 조심하신다면 이렇게 골든 크로스가 나면서 패턴 1이 될 때 매수 타이밍을 잡는데, 이 역시 여기에서도 이미 패턴 1이 나는 이 시점, 즉 골든 크로스가 나는 시점에서 보시면 가격은 이미 상승해 있습니다.

그래서 이런 지점에서 여러분들이 어떻게 매수 타이밍을 잡을 것인지 계속 확인해보도록 하겠습니다.

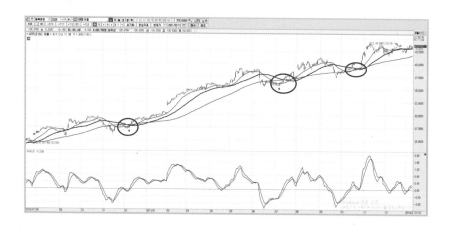

2016년 12월에도 15이동평균선이 골든 크로스를 내면서 패턴 1의 모습을 보이고 있습니다. 여기에서도 마찬가지입니다.

2017년에도 발생했고, 2017년 7월과 2017년 10월에도 발생했습니다. 굉장히 매력적입니다.

왜냐하면 패턴 1이 발생한 다음 조금 올라간 경우도 있지만, 굉장한 상승 국면을 여러분께서도 확인하실 수 있습니다.

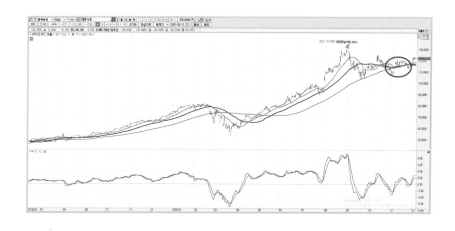

패턴 1을 보시는 분들이 최근에도 애플 차트에서 패턴 1의 국면이 확인되고 있기 때문에, 저는 이러한 국면들을 보고 '다시 한번 신고를 뚫고 애플이 상승 국면으로 가지 않을까?'라는 생각을 할 수밖에 없었습니다.

왜냐하면 이렇게 십수 년 동안 같은 현상이 반복되었는데, 지금이라고 그 확률을 따르지 않을 이유가 없다고 생각되었기 때문입니다. 물론 가격이 올라가다가 떨어져서 가격 조정이나 기간 조정을 더 겪고 이런 현상이 반복되긴 하겠지만, 일단 이동평균선이 수렴해서 15이동평균선이 33과 75이동평균선을 상승 돌파하고 있기 때문에 신고점을 치고 다시 한번 상승 국면으로 이어지지 않을까라고 생각되는 부분 중 하나입니다. 이렇게 지나간 차트들을 보면서 과거의 규칙성을 패턴 2와 패턴 3에서도 발견했듯이 N자형에 대한 고찰을 해보도록 하겠습니다.

　N자형이라는 것은 전고점이 돌파되면 지지선이 된다는 것을 매수 타이밍으로 보여드렸습니다.

　이때의 개념이 무엇이었나요?

　고가 부근에 쌓여 있는 매물대에 평소보다 훨씬 더 많은 매수의 돈이 들어와 상승 돌파해서 가격을 끌어 올린 다음에는 시장도 힘들기 마련입니다.

　이것은 상승 추세에서 나타나는 이야기입니다.

　그렇지만 보합 국면에서 깊은 가격 조정이 지나간 후에 가격이 숨 고르기를 하기 위해서 하단과 상단이라는 보합 조정 국면에 진입하게 됩니다.

　보합 조정 국면에 진입하게 되면 상단과 하단만이 중요한 가격 움직임이 됩니다. 이동평균선이 상승할 때는 지지선 또는 전고점에서 지지되고 올라가고, 또 지지되고 올라가는 이런 모습들을 보이는데 보합 국면일 때는 이동평균선이 수평 모양을 형성합니다.

이동평균선이 누우면 힘이 없어집니다.

하단과 상단을 유심히 관찰해보시면 하단과 상단 사이에 항상 15 33 75이동평균선이 존재합니다. 즉, 배꼽 중간 지점에 어떤 지지 저항선이 존재하게 되는 것입니다.

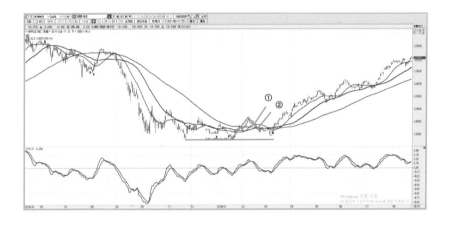

보합 국면의 하단에 있던 가격이 15 33 75이동평균선, 3개 이동평균선을 상승 돌파할 때, 전고점이 돌파되면 시장이 힘이 들어서 쉬듯이 하단에 있는 가격이 중간에 있는 15 33 75이동평균선, 즉 3개의 저항선을 뚫었을 때도 시장은 피로가 누적됩니다.

똑같이 전고를 뚫었을 때 시장이 힘들었듯이 가격이 중간에 있는 15 33 75의 저항선을 뚫고 힘이 들어 쉬어 가는 최초의 이동평균선 또는 마지막 이동평균선 지점이 매수 타이밍이라고 봅니다.

다시 한번 말씀드리면 가격이 보합 하단에서 중간에 위치해 있는 15 33 75이동평균선을 뚫고 첫 번째 또는 마지막 이동평균선을 매수 타이밍으로 이용하는 겁니다. 15 33 75 이동평균선의 순서는 관계가 없습니다.

15 33 75의 순서는 중요하지 않습니다. 75, 33 15 또는 33 15 75가 되어도 관계없습니다.

이 조건일 때 이동평균선 세 개를 크게 돌파한 뒤 처음 만나는 이동평균선이나 마지막 이동평균선, 저는 마지막 이동평균선을 더 선호합니다. 왜냐하면 피보나치 수열로 확인해본다면 이런 지점이 하단에서 상단으로 올라갔을 때, 마지막 이동평균선에 부딪히는 지점이 50%에서 61.8%까지의 조정 국면과 맞물리기 때문입니다.

그런 피보나치 국면의 50에서 61.8%와 맞물려 떨어지는 첫 번째 또는 마지막 이동평균선, 첫 번째 이동평균선은 대부분 38.2%와 맞물려 떨어집니다.

그래서 그런 피보나치 수열과 중간에 있는 15 33 75이동평균선의 저항선을 뚫고 처음 쉬는 이동평균선이 처음 만나는 이동평균선이나 또는 맨 마지막에 만나는 이동평균선에서 포지션을 잡는 것이 패턴 1에서 매수 시점을 잡는 최선의 방법이라고 결론을 내렸습니다.

물론 여러분들이 패턴 1을 연구하면서 좋은 매수 타이밍 지점을 확인하신다면 그 지점을 저랑 연구해서 발전시킬 수도 있다고 생각합니다.

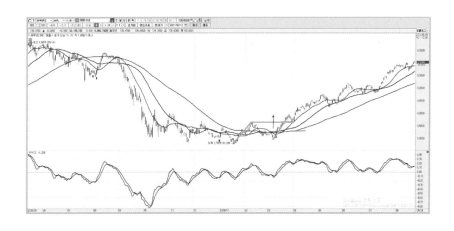

   가격이 보합 국면 하단에서부터 가격이 올라가서 맨 위에 있
는 이동평균선을 완전하게 뚫어야 합니다.

   상승 돌파를 크게 한 후, 처음 또는 마지막 이동평균선상에서
지지될 때, 이 두 가지의 시점을 매수 타이밍으로 이용한다는 것
을 말씀드립니다. 차트에서도 이 15 33 75이동평균선을 뚫고 여
기에서 딱 이동평균선이 닿았죠.

   이런 지점들이 전고와도 맞물립니다.

   패턴 1이 실제로 이동평균선이 수렴할 때는 가격이 위에 있
기 때문에 매수하기 힘들지만, 이동평균선 3개를 다 뚫고 보합
국면에서 탈피된 다음에 처음 이동평균선 또는 마지막 75이동
평균선까지 지지된 후 올라가는 이 두 가지의 지점이 굉장히 중
요합니다.

   이 두 가지의 지점을 매수 타이밍으로 이용한다는 것을 여러

분들께서 확인하셨고, 애플 차트에서 N자형 차트를 보았습니다.

이런 형태를 매수 타이밍으로 추천해드리고 싶습니다.

애플 차트에서 보셨으니, 삼성전자 차트에서도 이런 지점을 확인하도록 하겠습니다.

패턴 1을 공략할 때 항상 말씀드리는 것은 패턴 2와 패턴 3보다는 매수 확률이 떨어지는 편은 있습니다.

하지만 한번 제대로 매수 진입을 하면 굉장히 큰 수익을 얻을 수 있고, 또는 장기 투자를 할 수 있는 지점입니다. 그렇기 때문에 확률은 패턴 2나 패턴 3보다 떨어지는 경향이 있지만, 한번 제대로 잡으면 계속해서 좋은 수익을 누릴 수 있다는 것을 확인해보시기 바랍니다.

1번에서도 보시면 15 33 75를 완벽하게 뚫고 처음 쉬거나 마지막 이동평균선상에서 지지가 되고 이렇게 발산을 합니다.

마지막 이동평균선 또는 처음 이동평균선상에서 매수 시도를 하는데, 저는 처음보다는 마지막 이동평균선상에서 매수 시도를 하는 경향이 있습니다.

2019년 10월에는 전고점과도 맞물리는데 처음 닿는 이동평균선상에서 실패했지만 그다음에 계속해서 이동평균선에 닿고 있습니다.

이 봉들이 이동평균선에 닿으면서 전고점과 맞물릴 때 패턴 1을 공략할 수 있는 그런 지점으로 매매 타이밍을 보시면 될 것 같습니다.

N자형 패턴과 60분봉 차트를 결합한 실시간 매수 타이밍/한국 주식

지난 강의에서 기간 조정의 형태인 패턴 1에 대해서 말씀을 드렸는데, 이번에는 구체적으로 패턴 1의 N자형 패턴에서 매수 타이밍을 잡는 방법을 구체적으로 보겠습니다.

이번 강의와 다음 강의는 여러 번 영상을 보시면 패턴 1에 대한 이해도 쉽고 매수 타이밍 잡는 것에 대해서도 좀 자신감이 생기실 겁니다.

정리하면 기간 조정인 패턴 1은 15 33 75이동평균선이 한곳에 수렴하는 현상입니다. 한곳에 수렴하는 현상이 조밀할수록 훨씬 더 폭발력이 좋다는 것을 말씀드렸습니다. 전제로는 15 33 75이동평균선 중에 15이동평균선이 33과 75보다 밑에 위치하고 있어야 됩니다. 15 이동평균선이 33 75선을 골든 크로스하기 일보 직전 또는 그 이후에 N자형에서 매수 포지션을 잡는 것을 보여드리도록 하겠습니다.

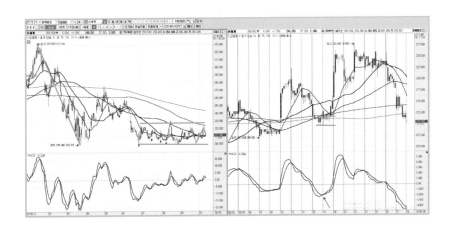

먼저 신세계 차트를 한번 보겠습니다.

이동평균선의 가격이 위로 쭉 올라갔다가 떨어지면서 하단 부분 쪽 보합 국면을 보이면서 상단과 하단에 가격이 계속해서 몰려 있는 현상입니다.

이때 15 33 75이동평균선을 강하게 뚫고 올라와서 처음 쉬는 10월 15일이 15이동평균선과 33, 75가 아주 조밀하게 모여 있습니다. 이러한 현상이 앞으로 가격이 분출하기 일보 직전의 모습으로 보시면 되겠는데요.

10월 15일의 60분봉 차트를 한번 확인해보도록 할게요.

10월 15일의 60분봉 차트를 보면, 여태까지는 시그널이 나온 케이스가 거의 95%였습니다.

N자형에서는 60분봉 차트에서 시그널이 나오지 않은 케이스도 상당히 있습니다. 그때는 어떻게 이용할까요?

10월 15일 또는 그다음 날에 MACD가 시그널선을 골든 크로스하는 60분봉 차트에서 매수 타이밍을 잡으면 되는 겁니다.

10월 15일에 매수 타이밍이 나오지 않았고 10월 16일에 60분봉 차트에서 골든 크로스하는 현상이 나와서 이때 매수 포지션을 잡고 21만 원 밑에다가 스탑을 놓는다면, 약 1% 이내에 스탑을 놓고 상승 분출의 움직임을 여러분께서도 확인을 하실 수 있었습니다.

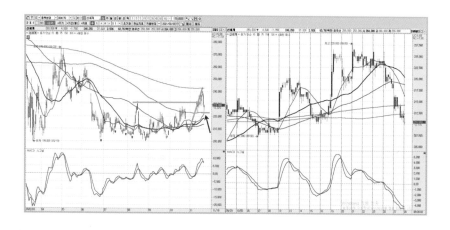

여기에서 바로 가격이 상승을 했으면 좋았겠지만, 다시 한번 가격이 아래로 빠진 다음에 다시 15 33 75를 힘차게 뚫고 이 보합 국면의 상단을 뚫었습니다. 만약에 여기에서 처음 이동평균선에 닿는다고 하면 이때와 마찬가지로 신세계도 매수 타이밍으로 한번 노려볼 수 있는 지점이지 않을까 싶습니다. 그리고 이 지점을 피보나치 조정대로 확인해보겠습니다.

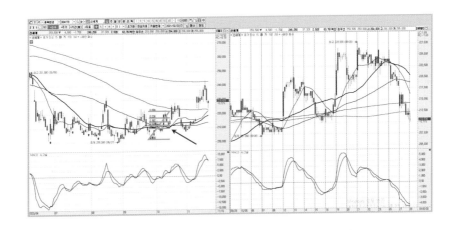

　확인해보면 이 지점이 대략 61.8%와 맞물린다는 것을 여러분
도 알 수 있습니다.

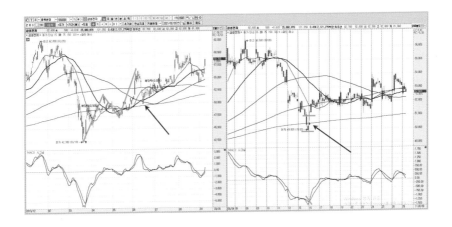

　삼성전자입니다. 삼성전자 차트도 여러분께서 인식하시기에
상승 국면으로 이어져가는 차트라고 보실 수가 있는데, 이 차트
를 보시며 6월 15일로 한번 가보겠습니다.

조금 전에 신세계 차트가 깊은 가격 조정을 보이고 15이동평균선 밑에서부터 가격이 올라가서 15 33 75를 완벽하게 뚫고 처음 또는 마지막 닿는 이동평균선이 6월 15일입니다.

저 같은 경우는 15 33 75를 완벽하게 뚫어야 그 시장이 보합 국면에서 힘의 분출이 있다고 가정을 하는 것뿐이니까 어느 것이 옳다 그르다는 사실 의미가 없는 표현인 것 같습니다.

저의 취향이 그런 거니까 여러분들도 충분히 이런 국면에서 N자형을 잡아서 매매를 하실 수 있습니다.

그 확률을 보시고 한번 매수 시도를 해보셔도 괜찮겠습니다.

이런 시점에서 보시면 15이동평균선이 33과 75를 골든 크로스 내면서 보합 국면의 상단을 힘차게 양봉으로 뚫고 쉬고 있는 지점입니다.

이때가 패턴 1을 잡을 수 있는 가장 안정적인 시점이라고 다시 한번 말씀을 드립니다.

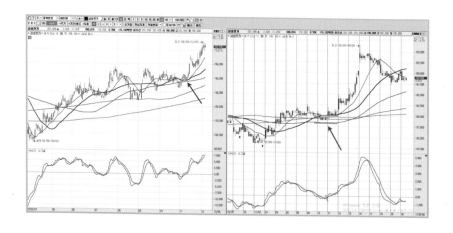

삼성전기를 보도록 하겠습니다.

일봉 차트상에서 15이동평균선의 맨 밑에서 골든 크로스가 나는 게 이상적이지만, 제일 나쁜 모습은 15이동평균선이 세 개의 이동평균선 중에 맨 위에 위치해 있을 때 패턴 1이 발생하는 겁니다.

하지만 15이동평균선이 어느 한 이동평균선 밑에서라도 골든 크로스를 내서 올라가면 15이동평균선이 맨 아래에서 골든 크로스를 만드는 것보다는 확률이 떨어지겠지만, 15 이동평균선이 어느 한 이동평균선이라도 골든 크로스를 내고 올라가면 상승 확률이 또 크다라는 것을 말씀드리고 싶습니다.

그래서 삼성전기를 보시면 11월에 어떻습니까?

이동평균선 3개가 즉, 15 33 75가 수렴을 해서 올라와서 딱 쉬고 있는 타이밍이죠.

또 조밀하게 이동평균선이 수렴이 되어 있습니다,

11월 10일 60분봉 차트를 확인해보겠습니다.

11월 10일 60분봉 차트를 확인해보면 11월 10일에 시그널은 나지 않았지만 3시경에 MACD가 시그널선을 0선 아래에서 골든 크로스를 내고 있죠.

그래서 이 지점이 매수 타이밍이 됩니다.

이 60분봉 차트 바로 아래에 스탑을 놓고 매매 타이밍을 잡으시면 성공하실 수 있었을 거라고 생각합니다.

삼성전기에서는 다음의 곳에서 N자형 패턴을 더 확인할 수 있습니다.

9월에 매매 타이밍이 나왔습니다.

이동평균선이 조밀하게 모이진 않았지만 역시 골든 크로스가 나면서 패턴 1 현상을 보이고 있는 구간입니다.

이 지점에서 가격이 상승을 하고 마지막 이동평균선이 닿은 지점을 한번 관찰해보겠습니다.

9월 23일과 24일이 해당되는데, 이 지점을 자세하게 관찰해보시면 조그만 고점과 맞물리는 전고 이동평균선 지지 패턴 3하고도 맞물리고 N자형과도 맞물리는 자리입니다.

9월 23일 60분봉 차트로 확인해보도록 하겠습니다.

이 시점에서 매수 시그널이 나오고 이 밑에 스탑을 놓았다면 가격이 2~3% 정도 올랐습니다.

여기에서 위험 관리를 했다면 이익 실현을 하지 못했더라도 손절을 본전 또는 그 이상으로 올려놓아 손실은 적게 보았을 것이고, 그다음 날 가격은 빠지면서 MACD는 매수 디버전스 현상이 나오고, 매수 시그널이 발생하는 모습을 확인할 수 있었습니다.

그러니까 하루 만에 포지션을 잡고 성공하는 것이 아니라 이틀, 삼 일 정도 지켜보면서 패턴 1의 국면을 확인하신다면 충분히 매수 타이밍을 적절하게 잡으실 수 있었을 거라고 생각합니다.

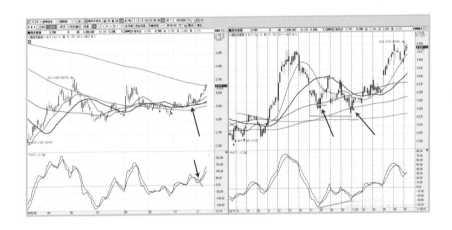

메리츠증권 차트를 보도록 하죠.

메리츠증권 차트를 보시면 역시 10월에 이동평균선이 수렴을 하고 있는 현상을 보실 수 있었습니다.

이곳에서 이동평균선이 한 번 수렴을 했습니다. 수렴을 하면서 이 구간에서 15이동평균선이 골든 크로스를 내기 직전이고, 현재도 골든 크로스를 내기 일보 직전이라고 생각할 수 있습니다.

이 지점은 15 33 75를 완벽하게 뚫은 것이라 할 수 없고, 어느 정도 맨 위의 이동평균선과 공간이 생기면서 보합 국면을 뚫고 난 다음에 마지막 닿는 이동평균선을 보시면 10월 27일 확인이 되고 있습니다.

그러면 10월 27일로 가서 여러분들과 매수 타이밍의 발생 여부를 한번 확인해보도록 하겠습니다.

10월 27일을 보면 60분봉 차트에서 골든 크로스가 나는 현상이 없습니다. 그다음 날 10시쯤에 골든 크로스가 나면서 매수 시그널이 발생하고 이전 저점 밑에다가 스탑을 놓았다면 상승하는 국면에서 어느 정도 이익을 챙기고 패턴 1을 향유하실 수 있지 않았을까라는 생각이 듭니다.

손실 관리를 잘 하시고 손해를 보지 않고 나왔다면 11월 2일에도 마지막 이동평균선상에서 다시 한번 모입니다. 아주 중요합니다.

이 차트에는 패턴 1의 모습을 보이고 MACD에서는 패턴 3의 모습을 보일 때 확률이 크다고 제가 지난 시간에 설명해드렸는데, 지금 그러한 현상이 보이고 있습니다.

이런 현상이 보일 때 굉장히 확률이 좋으니까, 패턴 1이 1개월이 걸릴지, 2개월 만에 발산할지, 3개월 만에 발산할지 모릅니다. 하지만 대부분 이러한 현상이 보일 때는 그 이후에 굉장히 빠른 시간 이내에 발산하는 현상이 있습니다.

패턴 1과 MACD 패턴 3이 발생할 때를 예의 주시해서 변곡을 잡으려고 노력해야 됩니다.

그래서 11월 2일에 매수 시그널이 발생을 하고 이 밑에 스탑을 놓은 다음에 결과적으로 매수 디버전스 현상이 발생했습니다. 그런 면에서 여러분들이 계속해서 눈으로 훈련하시고 확인해보시기 바랍니다.

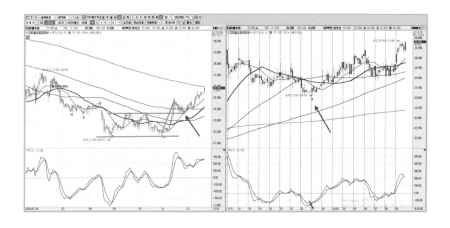

디티알오토모티브라는 회사입니다.

디티알오토모티브도 여러분들께서 보시면 바닥을 찍고 이동평균선이 누운 그런 국면에서 이 보합 국면이 굉장히 강하게 장대 양봉으로 상승했습니다.

상승을 하고 고점을 찍고 역시 어떻습니까?

시장도 힘을 축적하는 휴식 기간이 필요한 것입니다.

그래서 여러분들도 보시기에 처음 닿는 이동평균선인 11월

26일과 27일을 한번 확인해보도록 하겠습니다.

11월 26일과 27일을 확인해보니 26일에는 시그널이 나오지 않았고 그다음 27일에는 매수 시그널이 발생했습니다.

그래서 이 60분봉 차트 중간 가격에 매수하고 이전 저점보다는 시그널이 발생한 이 시점에서 저가가 형성이 되어 있기 때문에 이 60분봉 차트 밑에다가 손절을 놓고 매수 타이밍을 잡을 수 있습니다.

그래서 이익 실현 1차 매도, 2차 매도, 3차 매도를 하시면 될 것 같습니다. 여기에서도 보시면 15이동평균선이 33과 75를 골든 크로스하는 현상을 확인해보실 수가 있습니다.

하지만 이렇게 골든 크로스를 내는 시점에는 가격이 이미 많이 상승해 있습니다. 그래서 그다음 국면에 쉬어갈 때 포지션을 잡는 방법이라고 생각하시면 되겠습니다.

대한유화입니다.

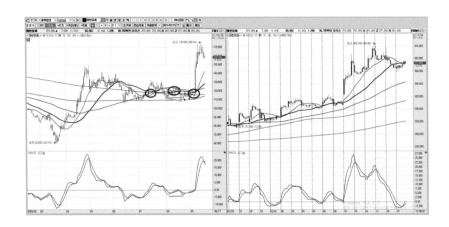

실전에서 바로 써먹는 패턴매매기법 주식 투자

보시면 패턴 1이 아주 예쁘게 모여 있습니다.

그 이전에도 여러분들이 보시기에 패턴 1이 또 한 번 보여진 구간이 있습니다.

그리고 10월에 패턴 1의 모습이 확인이 되고 있습니다.

어느 구간에서 가격이 올라갈지 그건 사실 아무도 모르는 상황입니다. 근데 차트를 보시면 이중바닥이 있고 매수 디버전스가 있고 또 무엇이 있습니까? 150이동평균선 지지가 있고 성공했을 경우에는 매수 디버전스, 즉 네 가지의 지지 요인이 있다는 겁니다.

징후라고 생각하실 수가 있습니다.

그래서 이런 형태에서 이중바닥은 거의 안 나왔지만, 이중바닥과 이동평균선 지지 그리고 매수 디버전스가 발생한 다음에 패턴 2 가격 조정을 깊게 받고 기간 조정이 생기면 앞에서와 같은 엄청난 상승 국면이 연출되기도 합니다.

순전히 무엇입니까? 운입니다.

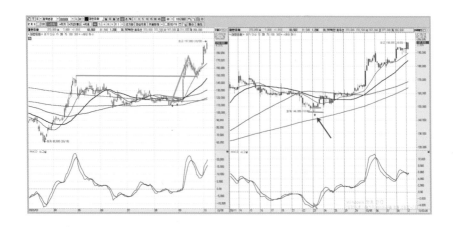

위의 차트에서 보시면 전고점을 강하게 상승 돌파해서 가격을 상승시키고 시장도 힘드니까 쉬어야겠죠?

그 지점이 바로 차트에서 표시한 지점인데, 이날은 또 우연히 전고 지점 및 이동평균선 지지와 맞물려 있습니다.

패턴 1이 나와서 크게 상승하더라도 놓쳤다 생각하지 마시고 쉬어가는 지점을 기다렸다가 그 지점에서 조정 국면이 올 때 진입을 하면 됩니다. 너무 걱정하지 마시고, 9월 22일과 23일 60분봉 차트를 확인해보겠습니다.

9월 22일과 23일인데요. 9월 22일은 MACD가 상승 국면이 일어나지 않고 매수 시그널도 발생하지 않았습니다.

9월 23일로 가보면 매수 시그널이 발생하고 이날 중간 가격 15만 원 밑에 14만 9,000원쯤에 사고 14만 6,000원 아래로 스탑을 놓았다면 약 2%의 리스크를 가지고 60분봉 차트에서도 패턴

1이 나오는 현상을 확인하실 수가 있었습니다.

이때는 1차 매도와 2차 매도를 한 다음에 비중을 조금 더 낮춰서 패턴 1을 잡았다고 생각이 되면, 여러분들도 포지션을 오래 가져가서 장기 투자 국면으로 전환하실 수도 있을 거라고 생각합니다.

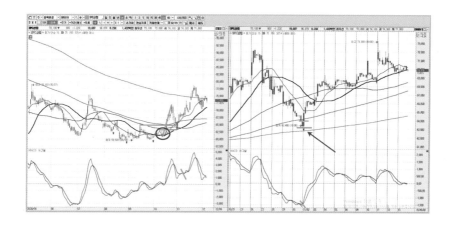

SPC삼립 차트입니다. SPC삼립 차트는 여러분이 쉽게 찾으실 수가 있으실 겁니다.

역시 패턴 1이 나오고 15이동평균선이 골든 크로스를 내면서 33과 75를 순차적으로 상승 돌파했습니다. 그리고 N자형이 발생하고 전고점과도 지지되고 이동평균선 지지도 있으며 패턴 3 현상도 보입니다. 이때 마지막 이동평균선이 닿는 N자형을 확인하실 수가 있습니다.

또 관찰력이 좋으신 분은 관찰하시다 보면 전고와 이동평균 선 지지가 두 군데가 더 형성이 된다는 것을 알 수 있습니다. 한번 찾아보시겠습니까?

다 배우신 겁니다. 그러면 10월 30일 매수 시그널이 발생했는지 확인해보겠습니다.

10월 30일에 매수 시그널이 발생하지 않았고 바로 그다음 날인 11월 2일에 매수 시그널이 나옵니다. 이 저가 밑에 스탑을 놓았다면 약 1.5%의 스탑을 가지고 역시 굉장한 상승 국면을 여러분께서 향유를 하실 수가 있었다는 겁니다.

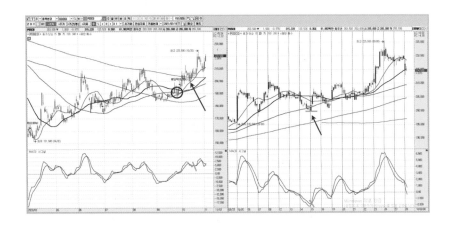

POSCO 차트를 한번 보겠습니다.

패턴 1이 나오고 15이동평균선이 맨 밑에서 골든 크로스를 내면서 33과 75를 돌파하고 있습니다.

이때 10월 15일이 처음으로 15이동평균선에 맞닿은 지점입니다.

10월 15일의 60분봉 차트를 확인해보겠습니다.

10월 15일의 60분봉 차트를 확인해보면 10월 15일에 시그널은 나오지 않았지만 여기에서 골든 크로스가 났습니다.

10월 15일 첫 시간에 골든 크로스가 났고 매수 포지션을 여러분께서 잡고 이 밑에다가 1%도 되지 않는 지점에 스탑을 놓았다면, 그 이후에 역시 POSCO가 상승 국면으로 이르는 첫 타이밍을 충분히 잡으실 수 있었다는 겁니다.

여러분들께서는 나름대로 이러한 국면도 패턴 1로 생각하고 한번 잡아 보실 수도 있지 않을까 싶습니다.

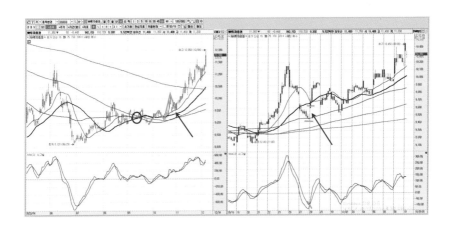

NH투자증권 차트를 확인해보겠습니다.

10월 27일입니다. 패턴 1이 나와서 올라가는가 싶더니 가격이 다시 한번 떨어지고, 그다음엔 가격이 올라가서 패턴 1을 보이고 첫 번째 이동평균선에 닿는 날입니다.

10월 27일로 확인해보겠습니다.

10월 27일에는 MACD가 골든 크로스를 내지 않았고 10월 28일 장 초반에 골든 크로스가 나면서 매수 시그널이 나오지는 않았습니다. 하지만 여러분께서 매수를 했다 가정했을 때, 이 밑에 스탑을 놓고 여기에서 이익 관리와 손실 관리를 했더라면 최소한 본전에는 EXIT하실 수가 있었을 겁니다.

다음 강의에서는 이제 미국 주식에서 보여지는 N자형 차트와 60분봉 차트를 결합한 매수 타이밍을 살펴보도록 하겠습니다.

N자형 패턴과 60분봉 차트를 결합한 실시간 매수 타이밍/ 미국 주식 등

N자형 패턴은 보합 국면에서 탈피하는 기간 조정을 끝내고 피보나치 수열 등과 함께 매수 타점을 잡는 방법입니다.

이번에는 미국 주식에서 똑같은 현상과 규칙성을 보여드리면서 매수 시점을 잡아 보겠습니다.

15 33 75 이동평균선들이 함께 보이고 있는데 너무 많은 이동평균선 때문에 혼란스러우시다면, 기간 4의 150이동평균선과 기간 5의 300이동평균선을 0으로 만들면 좀 더 선명하게 패턴 1과 N자형을 확인하실 수 있을 것입니다.

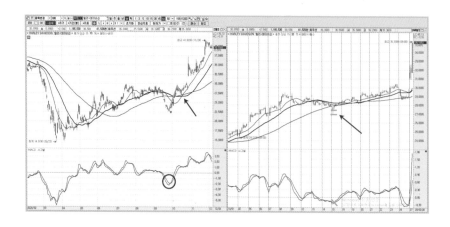

할리 데이비슨 차트를 보도록 하겠습니다.

3개의 이동평균선 아래로 가격이 깊은 가격 조정을 거치고 MACD가 0선 아래에 내려와 있는 상태에서 15 33 75를 상승 돌파 후 처음 쉬는 이동평균선이 바로 지금 보시는 것처럼 10월 15일입니다.

10월 15일의 60분봉 차트를 확인해보면 매수 시그널은 나오지 않았습니다. 하지만 10월 15일 이 지점 MACD가 시그널선을 골든 크로스하는 지점에서 매수 포지션을 잡고 이 밑에 스탑을 놓는다면, 1.5~2% 정도의 스탑으로 상승할 때 1~2% 또는 2~3%, 본인의 계좌 상황에 따라 1차 매도와 2차 매도를 한 다음에 나머지 비중을 본전 이상에 손절을 놓고 포지션을 가져갔다면 상승하는 국면을 또 확인하실 수 있습니다.

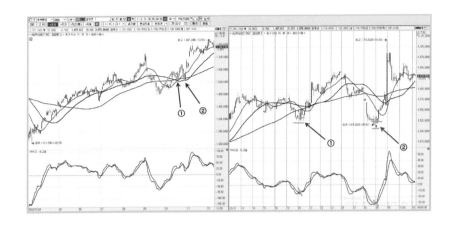

구글, 알파벳 C 차트입니다.

한번 자세히 찾아본다면 이동평균선이 수렴하고 있는 현상을 볼 수 있습니다. 이곳에서 15이동평균선이 33과 75를 골든 크로스했습니다.

여기에 N자형의 답이 있습니다.

여러분들께서 찾으셨는지 모르겠지만 가격이 이동평균선 3개를 상승 돌파 후 처음 이동평균선에 닿고 상승하다가 결국에는 마지막 이동평균선에 지지되고 상승하고 있습니다.

처음 이동평균선이 닿는 1번과 두 번째 이동평균선에 닿는 2번이 N자형 매수 타이밍이 됩니다. 첫 번째가 10월 19일(1번)이고, 두 번째는 10월 28일(2번)입니다. 그럼 10월 19일과 10월 28일의 60분봉 차트를 한번 확인해보도록 하겠습니다.

10월 19일은 시그널이 나오지 않았습니다.

MACD가 0선 아래에서 골든 크로스 나는 지점이 안 보입니다.

그런데 20일(1번)에는 골든 크로스가 발생하면서 파란 봉을 매수 타점으로 잡을 수 있었습니다. 그리고 해당 60분봉 차트 밑에다가 스탑을 놨다면 처음 이동평균선 닿는 N자형에서 매수 타이밍을 잡을 수가 있었습니다. 그리고 또 가격이 상승할 때 1차 매도, 2차 매도 위험 관리를 통해서 수익을 실현할 수 있었습니다.

10월 28일 60분봉 차트를 보겠습니다.

10월 28일(2번) 차트에서도 역시 매수 시그널이 나오지 않고 10월 29일 첫 시간에 매수 시그널이 나옵니다. 이전 저점 밑에다가 스탑을 놨다면 대략 1% 이내의 스탑을 가지고 그다음에는 굉장히 큰 상승 국면을 확인을 할 수 있습니다.

제가 방송에 나가서 지난주에 골랐던 종목들이 올라가면 그냥 저는 운이 좋았다고 생각합니다.

제가 예측을 잘해서도 아니고 무슨 정보를 갖고 매매를 하는 것도 아니고 단순히 리스크 대비 리턴이 좋은 매수 타점을 잡아서 포지션을 보유하다 보면 장기 투자도 할 수 있는 것입니다. 따박따박 이익 실현을 하면서 가져가기 때문에 큰 부담이 없어서 장기 투자도 가능한 것입니다.

여러분들도 처음부터 힘을 주고 큰돈을 벌려고 장기 투자를 하려고 하는 것보다 일단은 매수 후 상승 확률이 좋은 그런 매수 타점을 발견해서 부단히 훈련하신다면 좋은 결과를 미국 주식에서 많이 경험하실 수 있을 것이라 생각합니다.

2번 지점에 매수하고 이전 저점 밑에다 스탑을 놨다면 이 역시 큰 손해 없이 약간의 수익을 향유하면서 여러분들이 매수를 할 수 있었을 것입니다. 가끔 "처음에 1번에서도 마지막 이동평균선이 지지되고 2번도 마지막 이동평균선이 지지되었는데 여기서 매수를 해도 될까요?"라고 물어보시는 분들도 많이 있습니다.

시간이 지나고 결과가 보이는 상태에서는 누구든 매수 시점을 꿰어 맞출 수는 있습니다. 중요한 것은 원칙과 기준이 있어서 두 군데 모두 매수 시점으로 적용이 가능했는지입니다.

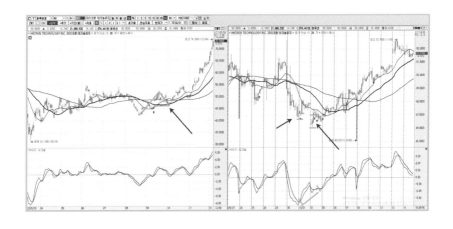

MU 마이크론 테크놀로지입니다.

9월 30일입니다. 이 지점에서 15이동평균선이 골든 크로스를 했습니다. 똑같은 패턴 1이 나왔지만 15이동평균선이 33 75를 데드 크로스 내면서 이동평균선이 수렴하는 현상을 보였기 때문에 이때는 조금 조심하시는 것이 좋습니다. 물론 패턴 1이 나오긴 했습니다.

보합 국면에서 가격이 이동평균선 3개를 상승 돌파한 후 처음 맞닿는 이동평균선이나 마지막 닿는 이동평균선상에서 매수 타점을 확인해보시면 어떨까 싶습니다.

저는 매수 타점을 마지막 이동평균선으로 해보겠습니다.

이곳에서 잡는다면 피보나치도 한번 확인해보겠습니다.

차트에서 N자형 패턴이 발생하는 지점을 자세히 보시면 갭 구간도 있었습니다.

N자형으로 매매를 하긴 하지만 패턴 3의 형태도 보이긴 합니다. 물론 첫 번째 닿는 이동평균선에서 매매할 수도 있지만 갭 구간도 지지가 있고, 이동평균선도 지지가 있고, N자형으로도 지지가 있고, 또한 패턴 3도 있기 때문에 저는 이 구간을 더 선호합니다. 지지 요인이 많기 때문입니다.

9월 30일부터 매수 타점이 발생했지만 10월 1일과 2일이 갭 구간 지지도 되고 패턴 3도 계속 이어지는 구간이라 9월 30일부터 매수 타점을 확인해보겠습니다.

9월 30일 매수 타이밍이 발생했고 짧은 스탑으로 가격이 올라갔다 떨어졌지만, 본전에 나오신 분들도 있었고 관리를 잘하셨던 분들은 이익을 향유하고 나오신 분들도 있었을 것입니다.

10월 2일 매수 타점이 나오고 이전 저점 밑에다 스탑을 놨다면 큰 상승 국면으로 이어져 가는 단초를 패턴 3에서 또는 N자형에서 잡을 수 있었다는 것을 확인하실 수 있습니다.

지난 강의에서도 이 일봉 차트에서는 패턴 1이 발생하고, MACD 는 패턴 3이 나올 때 상승 확률이 확실히 좋다라고 말씀을 드렸습니다. 이 지점에서 또 여러분들이 간과하지 않으셔야 할 것은 60분봉 차트에서도 매수 디버전스가 발생했다는 점입니다.

이런 지점에 매매를 하시고 스탑 운용을 잘하셨다면 굉장히 많은 수익을 챙겼을 거라고 생각합니다.

스트라타시스라는 회사입니다.

최근에 이동평균선이 수렴하고 15이동평균선이 아주 조밀한 상태에서 33 75를 골든 크로스하고 있습니다.

이곳에서는 패턴 3의 모습도 확인되고 있습니다.

확률이 점점 좋다는 이야기입니다.

그런데 이렇게 가격을 보면 밑에서 15 33 75를 상승했다가 마지막 닿는 곳에서 보시는 것처럼 2~3일간을 하락한 다음 올랐기 때문에 사실 변곡점을 잡아내기 위해서는 2~3일 동안 전투를 했어야 된다는 것입니다.

11월 13일, 16일, 17일을 보겠습니다.

11월 13일에 시그널이 나와서 매수 진입 후 털렸습니다.

11월 16일도 시그널이 나와서 매수 진입했다면 역시 손절에 털렸습니다. 이렇게 두 번 계속 손절당하면 기운이 빠집니다. 하지만 많은 매매 경험이 쌓이고 축적이 된다면, 현재 이 전투를 하고 있는 지점이 결국 상승한다면 패턴 3이 완성이 되고 패턴 1이 만들어지겠구나 하는 가능성을 느끼게 됩니다.

3일째까지 매수 시도를 했더라면 끝내 상승하는 국면을 향유하지 않았을까 싶습니다. 이러한 부분이 초보자는 굉장히 이해하기 힘든 부분입니다. 오직 매매 경험만이 그 답을 또는 매수 시도를 끈질기게 해주는 답이 될 겁니다. 이렇게 3일 동안 매수 시도를 한다는 것은 많은 매매 경험과 자기 자신의 확신이 있어야만 가능한 것입니다.

보통은 하루 또는 이틀 만에 상승했는데 이번에는 3일째 상승했다는 건 역시 앞일은 아무도 모른다는 겁니다.

이런 경험도 사전에 해보시면 좋을 것 같습니다. 다양한 현상을 경험해서 N자형 패턴을 잘 공략하시기 바랍니다.

일봉과 월봉 차트를 결합한 장기 투자용 매수 타이밍/ 한국 주식

총 여섯 가지의 매수 타이밍이 나옵니다.

1. 이중바닥
2. 이동평균선 : 추세선이 변형된 형태의 이동평균선
3. 전고점
4. 매수 디버전스
5. 패턴 3
6. N자형 패턴

지난 강의까지가 N자형 패턴에 관한 것이었는데 이중바닥과 이동평균선 그리고 전고점은 이 차트에서 가격이 표시되어 있습니다. 그리고 매수 디버전스와 패턴 3은 MACD와 관계된, 그야말로 '보조지표'입니다.

이 중에서 이중바닥과 이동평균선, 매수 디버전스가 결합된 형태도 있고 이동평균선, 전고점, 매수 디버전스 패턴 서너 가지가 결합된 형태도 보일 수 있었고, 또는 다섯 가지가 결합된 형태도 있었습니다.

N자형 패턴까지 같이 결합하면 어느 한 변곡점에서 여섯, 다섯, 셋, 둘 등의 매수 시점을 여러분들이 충분히 확인하셨다고 생각합니다.

그럼 이 여섯 개의 매수 타점을 가지고 이번에는 일봉과 월봉 차트를 결합해서 여섯 가지의 매수 타점이 월봉과 일봉 차트상에 동시에 발생하는 매수 타이밍을 소개해드리겠습니다.

굉장히 중요한 것이고 또 일봉과 월봉 차트를 결합해서 매수 타이밍을 잡는다는 것은 장기 투자를 원하는 직장인들에게 유용한 매수 타점이 될 것입니다.

제가 일봉과 주봉 차트를 결합한 매수 타이밍은 과제로 남기겠습니다. 일봉과 월봉 차트를 결합한 매수 타이밍에 대한 한국 주식과 미국 주식, 이번 강의와 다음 강의 영상을 보시면서 스스로 일봉과 주봉 차트를 합해서 매수 타이밍을 스스로 발견해내시길 바랍니다. 차트들을 찾아서 네이버 카페, 매수의 정석에 올려주시면 Q&A 카테고리를 만들어 놨으니 잘 고르신 분들에게 소정의 상품을 제공해드리겠습니다.

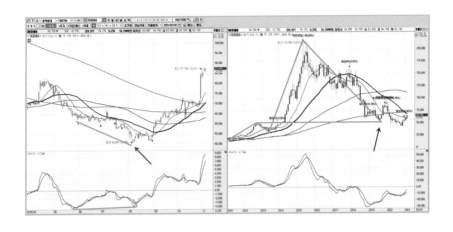

아모레G 차트를 보겠습니다.

오른쪽이 월봉 차트이고, 왼쪽이 일봉 차트입니다.

월봉 차트를 보시면 '전고점이 돌파되면 지지선이 된다'라는 일봉 차트에서 바이블에 해당되는 격언을 월봉 차트에서도 확인할 수 있습니다.

2019년 8월은 2012년 고점과 일치합니다.

만약에 일봉 차트만 보고 매매하셨다면 이러한 타이밍은 절대 발견할 수 없을 거라고 생각합니다.

그렇기 때문에 저는 실제로 매매할 때 일봉, 주봉, 월봉 차트를 동시에 보고 현재 일봉 차트 시점이 주봉 차트나 월봉 차트 상에서 변곡이 될 확률이 높은 지점이 보이면 장기 투자 전략을 세워서 매매를 합니다.

그렇다면 2019년 8월 일봉 차트상에는 어떤 특징이 있었을까요?

이런 단순 반복적인 일봉 차트상의 특징을 여러분들께서 확인해보신다면 전고점과 매수 디버전스가 활용되어서 차트에서처럼 매수 타이밍이 잡힌다는 것을 느끼실 수 있습니다.

물론 월봉 차트를 기준으로 매매할 때는 일봉 차트를 기준으로 할 때보다 스탑이 크겠죠.

하지만 리스크가 큰 만큼 리턴도 크다고 생각하신다면 일봉 차트와 월봉, 주봉 차트를 결합한 매수 타이밍을 적절히 활용하셔서 손익을 내실 수 있을 것이라 생각합니다.

그럼 2019년 8월의 아모레G 일봉 차트를 보며 어떤 특징이 발견되는지 확인해보겠습니다.

2019년 8월의 저점과 일봉 차트의 저점이 일치합니다.

여기에서 어떤 특징이 나올까요?

월봉 차트에서는 전고점의 특징이 나오며 일봉 차트에는 매수 디버전스 특징이 나오고 도지가 연달아서 발생했습니다.

일봉 차트상 매수 디버전스가 완성되고 이런 지점에서 매수 디버전스가 완성되는 지점에 매수하고 손절을 60분짜리 차트보다는 좀 더 일봉 차트의 이전 저점 아래에 두시면 충분히 바닥을 잡을 수 있는 장기 투자를 하실 수 있다고 봅니다.

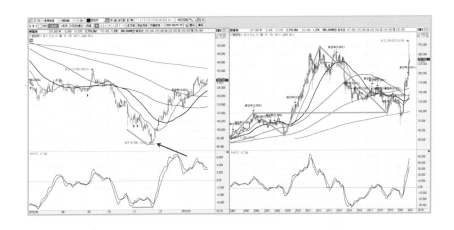

현대차 차트입니다.

오른쪽이 월봉 차트이고, 왼쪽이 일봉 차트입니다. 2005년의 고점이 현대차에서 2018년 11월의 고점과 정확히 맞물리는 현상을 볼 수 있습니다. 이 역시 '전고점이 돌파되면 지지선이 된다'는 원칙을 충분히 충족한 것입니다. 일봉 차트에서는 이때 어떤 매수를 잡을 만한 특징이 있었느냐가 관건입니다.

2018년 11월로 가보겠습니다.

역시나 일봉 차트에서는 가격이 떨어지면서 매수 디버전스 현상이 발생하고 있었습니다. 그래서 이런 지점에서 매수 디버전스가 발생하고 골든 크로스가 나는 지점에서 매수하고 이전 일봉 차트 저점 밑에다가 스탑을 놨다면 일봉 차트상 상승 국면을 향유하실 수 있었습니다.

아모레G와 현대차는 똑같은 형태의 전고점 지지 현상입니다.

삼성전자 차트를 확인해보겠습니다.

삼성전자를 보시면 2015년 차트에서 이중바닥과 이동평균선 지지, 즉 일봉 차트에서 적용되던 현상이 똑같이 발생했습니다.

2015년 8월에 일봉 차트에서 어떤 현상이 발생했을까요?

가격은 더 빠지면서 MACD는 우상향하는 매수 디버전스 현상이 발생했습니다. 여기에서 신호 검색을 지우고 빨간색만 보면 이렇게 골든 크로스가 발생하는 지점에 매수 타이밍이 발생하는 것을 보실 수 있고, 이전 일봉 차트 저점 밑에다가 스탑을 놓고 상승 흐름을 확인하실 수 있었습니다.

앞의 두 개의 차트는 전고점, 삼성전자는 이중바닥과 이동평균선 지지를 충족했습니다.

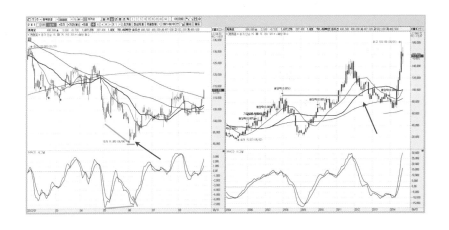

카카오 차트입니다.

2012년으로 가보시면 이렇게 전고와 이동평균선 지지가 되는
국면이 또 한 번 확인됩니다.

월봉 차트상에서도 전고 이동평균선 지지 패턴 3이 똑같이 적
용되는데 왜 월봉 차트로는 매매를 하지 않을까요? 월봉 차트로
는 한 개, 두 개가 거의 2달입니다. 2달 동안 진이 빠져서 매매를
할 수 없을 것입니다. 그러니까 이런 조건이 충족되는 일봉 차
트상으로 가서 매매를 한다는 것입니다.

지금 보시면 2012년 6월에 전고와 이동평균선 지지가 맞물
려 있습니다.

2012년 6월로 일봉 차트를 보겠습니다.

여러분들도 발견하셨듯이 매수 디버전스 현상이 일봉 차트상
똑같이 발생합니다.

월봉 차트에서 전고 이동평균선 지지, 일봉 차트상에서는 매수 디버전스 현상이 나타납니다. 그래서 골든 크로스가 발생하는 이 지점에서 역시 매수 타이밍을 잡고 스탑을 이전 저점 밑에다가 60분봉 차트에서 매매하듯이 놓는다면 여러분들도 큰 상승 흐름을 확인하실 수 있었다는 것입니다.

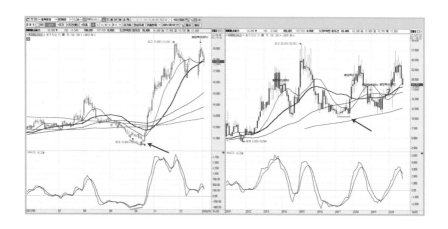

KG이니시스입니다.

유심히 잘 관찰해보시면 1년 이내이긴 하지만 표시된 부분이 월봉 차트상 이중바닥입니다.

왼쪽 일봉 차트를 보시면 2017년 10월이라고 되어 있습니다.

이런 규칙성을 계속해서 여러분들께서도 확인하시면 좋습니다. 이때 2017년 10월에 일봉 차트에서 같은 지점에서 도지도 발생하고 매수 디버전스 현상이 발생한 것을 확인할 수 있었습니다.

운이 좋아서 11,000원짜리가 두 배 정도까지 올랐습니다.

일봉 차트상에서 제가 설명해드린 매수 타점과 MACD를 잘 활용하신다면 충분히 장기 투자를 할 수 있는 확률도 있다는 것을 말씀드리면서 다음 차트를 보겠습니다.

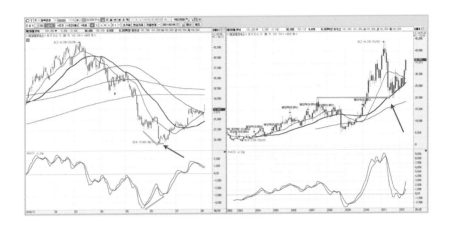

이오테크닉스 차트를 보시면 오른쪽이 월봉 차트인데 주봉 차트로 여러분들이 확인하실 때는 일봉 차트와 오른쪽에 주봉 차트를 놓고 확인하시면 되겠죠. 지금은 이오테크닉스의 2011년 차트를 확인해보도록 하겠습니다.

2011년 차트를 확인해보면 전고와 이동평균선 지지 두 가지가 맞물려 떨어집니다.

카카오 차트랑 비슷한 국면인데, 전고와 이동평균선이 맞물려 떨어지는 2011년 6월로 가보겠습니다. 2011년 6월로 가보면 역시나 가격은 5월부터 6월까지 떨어지지만 MACD변곡점은 우상향하는 매수 디버전스 현상을 보여줬고, 여기서 두세 달 정도

횡보한 다음에 가격이 상승하는 모습을 확인할 수 있었습니다.

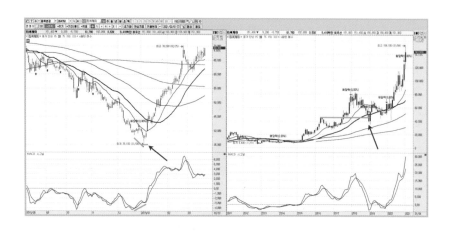

티씨케이입니다.

2018년 전고와 이동평균선 지지가 같이 충족하는 2018년 12월과 2019년 1월의 국면을 보실 수 있습니다.

역시 매수 디버전스 현상이 발생하고 가격은 올라가는 모습을 보이고 있습니다.

공부를 많이 하신 분들은 아마도 어떤 질문이 분명히 나올 텐데 그 질문을 한번 기대해보겠습니다.

어떤 예리한 질문거리들이 나오는지 잘 찾아보시기 바랍니다.

좀 더 왼쪽으로 올라가서, 마찬가지로 2016년 고점과 2015년 고점, 2016년 저점이 맞물려 떨어지는 2016년 11월 차트도 함께 확인해보겠습니다.

2016년 11월도 전고와 이동평균선이 지지되는 모습인데, 2016

년 11월로 한번 가보겠습니다.

2016년 1월로 가보니 1월에 일봉 차트에서도 이중바닥이 나오고, 도지가 나오고, 매수 디버전스 현상이 나오는 것을 확인하셨습니다. 그리고 매수 시그널이 발생했습니다.

이 봉의 중간쯤에 사고 이전 저점 밑에다가 똑같이 스탑을 놓는 그런 방법을 이용해서 충분히 많은 수익을 향유하셨을 거라고 생각합니다.

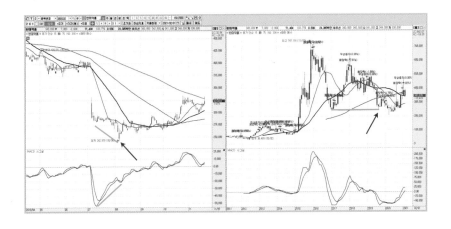

한미약품을 보도록 하겠습니다.

전고점 아니면 이중바닥을 월봉 차트에서 찾고 있습니다.

주봉 차트에서도 이런 국면을 찾는다면 일봉, 월봉 차트의 장기 투자 말고 중장기로 일봉 차트와 주봉 차트를 찾아서 충분히 이용하실 수 있습니다.

지금 월봉 차트에서 2017년 저점과 2019년 8월 저점이 일치하는 이중바닥의 모습을 보고 계십니다.

2019년 8월로 가보겠습니다.

매수 디버전스 현상을 나타내는 것을 확인할 수 있습니다.

이렇게 똑같은 현상이 있고, 여러분들의 확신이 있다면 얼마든지 수익을 창출해내실 수 있을 것입니다.

CJ대한통운 차트를 보시면 2020년 초반, 2020년 3월의 이중바닥과 150이동평균선 지지, 그리고 월봉 차트에서도 이중바닥, 이동평균선 지지, 매수 디버전스 이 세 가지가 맞물려 떨어졌습니다.

2020년 3월 일봉 차트를 확인해보도록 하겠습니다.

2020년 3월로 가니까 매수 디버전스 현상은 없지만 제가 개발한 시그널에서 이렇게 매수 시그널이 발생했습니다.

이러한 경우는 매수 디버전스 현상은 없지만 매수 시그널이 같이 발생하면 충분히 매매를 하실 수 있다고 권해드리고 싶습니다.

CJ대한통운에서 눈썰미가 있으신 분들은 벌써 또 하나를 찾아내셨을 것입니다.

전고점이 돌파되면 지지선이 되는 2018년 3월에도 전고 지점이 일치하는 지지선을 발견하셨다면, 2018년 3월로 가보겠습니다. 이때 역시 매수 디버전스가 발생하고 매수 시점이 발생하는 것을 보실 수 있었습니다.

그래서 이 시그널이 발생할 때 사고, 전저점 밑에 스탑을 놨다면 리스크 대비 리턴이 큰 수익이 발견되었음을 여러분들도 확인하실 수 있습니다.

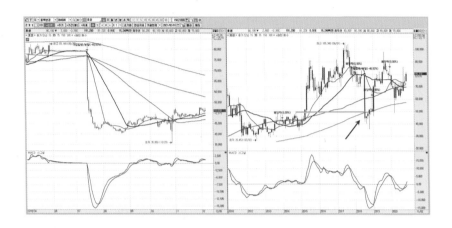

효성 차트입니다.

효성은 조금 오래된 지점에서 찾아보실 수 있는데 전고와 이동평균선 지지가 맞물립니다.

그다음 월봉 차트에도 빠졌기 때문에 이때는 짧은 스탑으로 여러분들이 위험 관리를 해서 시장에서 빠져나와야 될 것입니다.

그래서 제 방법이 100% 맞는 것이 아니기 때문에 실패하는 사례도 꼭 확인하셔서 여러분들 스스로 위험 관리를 병행해서 매매를 하시면 될 것이라 생각하고 차트를 보겠습니다.

2008년입니다.

2008년 전고점과 이동평균선이 일치되는 현상입니다.

조그만 월봉 차트의 변곡점이 보이지만 일봉 차트에서는 굉장히 크겠죠.

그리고 이렇게 급등한 다음에 쉬어가는 지점에서 똑같은 현상이 발생하는지를 확인하면 될 것입니다.

2008년 10월 일봉 차트를 확인해보겠습니다.

매수 디버전스 현상이 발생했습니다.

그리고 가격이 급등하는 모습, 15,000원이 65,000원까지 엄청나게 급등했습니다.

펀더맨털 정보를 모르고도 이렇게 리스크 대비 리턴이 큰 자리를 계속해서 확인하시고 훈련을 하신다면, 확신이 생기고 리스크 대비 리턴이 큰 자리를 찾아서 장기 투자도 하실 수 있을 것이라고 생각됩니다.

12강
일봉과 월봉 차트를 결합한 장기 투자용 매수 타이밍/ 미국 주식 등

나이키 차트입니다.

여러분들도 이제 잘 찾으시겠죠. 전고점과 이동평균선 지지가 일치되는 현상이 보입니다.

2018년 12월입니다.

2018년 12월이 전고와 이동평균선이 지지되는 곳입니다.

일봉 차트로 가서 확인해보시겠습니까?.

2018년 12월은 어떤 모습이 있었을까요?

일봉 차트상 매수 디버전스가 발생한 것은 아닙니다.

여러분들은 어떻게 하시겠습니까? 매수를 하시겠습니까? 아니면 원칙을 지키시겠습니까?

숙제로 남겨 드립니다.

매수 시그널을 넣으면 이렇게 매수 시그널이 정확하게 나옵니다. 이 매수 시그널도 함께 이용하시면 조금은 편하실 것입니다.

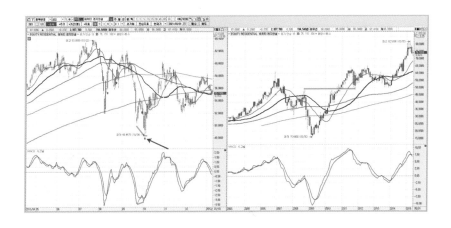

에퀴티 레지덴셜입니다. 월봉 차트상으로 보면 우상향하는 상승 국면의 차트가 분명합니다.

2011년 11월을 보겠습니다.

전고가 일치되는 현상이 있습니다.

이때 일봉 차트를 확인해보면 역시 가격은 더 낮아지고 일봉 차트상에서 10월에 정확하게 매수 디버전스 현상이 발생한 것을 확인하실 수 있었습니다.

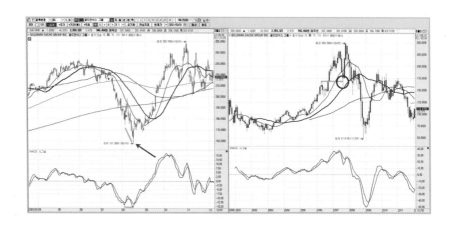

골드만삭스 그룹을 보겠습니다.

전고와 이동평균선 지지가 맞물리는 2007년 8월로 가보면 매수 디버전스 현상이 발생하고, 가격이 올라가는 상황을 보실 수 있습니다. 통계적으로 보면 80~90%는 매수 디버전스 현상이 나오고 10% 정도는 매수 디버전스 현상이 나오지 않고 있습니다.

이제 여러분들이 중심을 잡으시면 됩니다.

가령 '나는 월봉 차트에 중요한 변곡점이 나올 때 일봉 차트상 매수 디버전스가 나와야만 매매를 하겠다' 등의 생각을 가지고 계시면 됩니다.

즉, 일봉 차트상 매수 디버전스 현상이 예측이 되어야만 매매를 할 거라고 중심을 잡으시면 됩니다. 그 모든 현상이 어떤 원칙이나 규칙적인 현상이 나오지 않는데 매매를 하다 보면 임의성이 나오기 때문에 10개 중에 1개는 놓치셔도 됩니다.

아깝지만 원칙과 근거가 없으면 움직이지 않는 게 매매하시는 데 훨씬 더 도움이 될 것입니다. 즉 보수적으로 매매하는 것이 훨씬 좋다는 것입니다.

매수 디버전스 현상이 나올 때만 움직여도 충분히 수익을 낼 수 있으니까 너무 무리하지 않으시기 바랍니다.

잉가솔랜드 차트입니다. 2014년입니다.

여러분들도 발견하셨겠지만 전고와 이동평균선이 일치하는 지점이 나옵니다.

2014년 10월입니다.

일봉 차트를 보시면 매수 디버전스가 발생합니다.

그리고 매수 시그널도 일봉 차트상에서 나왔습니다.

월봉 차트에서 변곡이 될 확률이 있는 지점에서 매수 디버전스만 나오면 매매하겠다는 생각을 하셔도 좋습니다.

이런 특징을 보고 매수를 한다면 조금 의지할 국면이 있기 때문에 여러분들도 쉽게 매매에 가담할 수 있지 않을까 싶습니다.

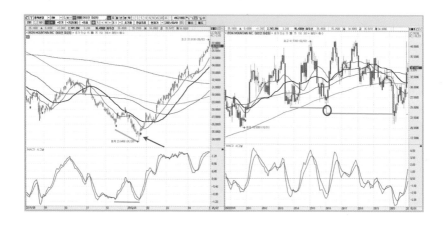

아이언 마운틴입니다.

우상향하고 있는 주식인데 2016년에 이중바닥과 이동평균선 지지가 확실하게 보입니다.

2016년과 2020년에도 있습니다.

2020년 3월에는 코로나로 인해 가격이 많이 빠져서 오히려 그때 매수할 수 있는 주식이 많았습니다.

함께 확인해보시고 이곳 2016년 1월로 한번 일봉 차트를 이동해서 확인해보겠습니다.

2016년 1월에 일봉 차트에서 매수 디버전스가 확인이 되고 있습니다. 그리고 매수 시그널 또한 발생했습니다.

그다음은 보시는 것과 같습니다.

준비된 사람에게 주어지는 좋은 운입니다.

인베스코라는 차트입니다.

여기에서는 또 어떤 월봉 차트가 기다리고 있을까요?

2016년 1월로 가보겠습니다.

굉장히 많은 변곡이 보이는데 전고와 이동평균선이 함께 지지되는 모습을 보실 수 있습니다.

그래서 2016년 2월이네요. 2월의 전고와 이동평균선 지지가 함께 맞물리는 부분인데 이때 역시 매수 디버전스 현상이 확실하게 보이고 있습니다.

그리고 도지가 발생 후 가격은 상승했습니다.

ACN 액센츄어라는 주식입니다.

신고가를 갱신하면서 큰 상승 폭발을 하고 있는 주식입니다.

2007년으로 가보겠습니다. 전고가 정확하게 맞물리는 지점이 11월입니다.

11월에 매수 디버전스가 발생하고 큰 상승은 아니지만 어느 정도의 상승 국면이 발생했습니다. 그 후 다시 하락하긴 했지만 중요한 점은 같은 패턴이 발생하고, 결국에는 변곡점이기에 매수 시점을 잡기가 좋았다는 것입니다.

리스크 대비 리턴이 큰 자리인지 아닌지가 중요합니다.

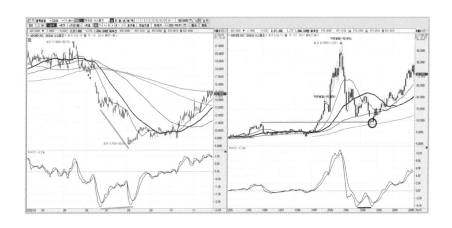

　어도비시스템즈 역시 강한 상승세를 확인할 수 있었고, 우리
나라 아모레G 같은 변곡의 모습을 똑같이 보실 수 있습니다.

　전고점이 돌파되면 지지선이 되고 이동평균선도 지지선이 되
는 모습입니다.

　2002년 8월입니다.

　2002년 8월, 이동평균선 지지가 되는 지점에 매수 디버전스
현상이 확인되고 있습니다.

　굉장히 동일하고 규칙적인 매수 타이밍 현상을 보시고 계십니
다. 더 이상 말이 필요 없겠죠.

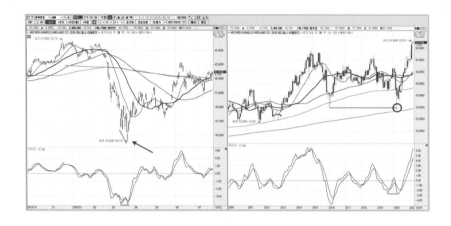

아처-대니얼스-미들랜드 차트입니다.

2016년 3월의 가격과 2020년 3월 가격이 거의 5년 만에 이중 바닥으로 나오는 월봉 차트입니다.

월봉 차트에서도 매수 디버전스가 발생한 점이 특이합니다.

하지만 월봉 차트에서 매수 디버전스를 기대하고 매매하기는 정말 힘듭니다.

이 당시의 3월 일봉 차트를 보시면 역시 매수 디버전스가 확인이 되고 있습니다.

다른 3월 차트는 일봉 차트상 매수 디버전스가 나오지 않는 케이스가 있었는데, ADM은 매수 디버전스 현상이 확연히 보이고 상승 국면으로 이어가는 모습을 확인할 수 있었습니다.

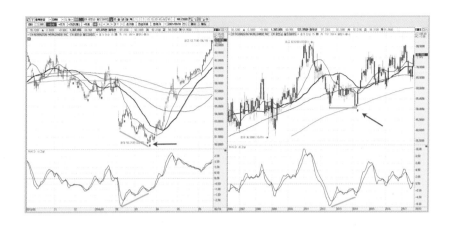

마지막으로 'CHRW' CH 로빈슨 월드와이드 월봉 차트를 확인해보고 마치도록 하겠습니다.

2014년 월봉 차트에서도 이렇게 매수 타이밍이 나옵니다.

2014년 3월을 보시면 이중바닥과 이동평균선 지지선이 되고 월봉 차트에서도 매수 디버전스 현상이 예측이 됩니다. 여기서 올라가면 이중바닥과 일봉 차트처럼 이동평균선 지지가 되고 매수 디버전스가 되는 그런 지점이죠.

그럼 2014년 3월의 일봉 차트를 확인해보겠습니다. 2014년 3월 역시 매수 디버전스 현상이 발생했습니다. 이제 여러분들이 일봉과 월봉 차트를 가지고 장기 투자를 할 수 있는 매수 타점을 확인했는데, 일봉과 주봉 차트를 가지고도 한국 주식에서 또는 미국 주식에서 어떤 장기적인 변곡이 될 매수 타이밍 시점을 스스로 찾아서 발견해보시기 바랍니다. 좋은 공부가 되실 겁니다.

13강

일봉 차트로 매매^{의사결정} 훈련하는 방법

그동안 기본적인 패턴매매기법을 잘 익혀오고 계셨다면 매수 타이밍에 대한 이해도가 확실히 높아졌을 거라고 생각합니다. 직접 HTS를 열어 선을 그려 가면서 60분봉 차트에서 매수 타이밍도 찾아보고, 여러 가지 지지선과 저항선을 생각해 가면서 지지선에서 매수하고, 손절을 놓고, 이익 실현하고, 손절을 높이고, 관리하는 예제를 많이 보았을 것입니다. 하지만 실제로 움직이는 시장에서 매매를 하기에는 아직까지는 실력이 부족한 상황이라고 볼 수 있습니다.

이중바닥과 이동평균선, 전고점, 매수 디버전스, 패턴 3, N자형 패턴 이 여섯 가지만을 익히고 외우는 데에도 굉장히 많은 시간이 걸릴 겁니다. 그럼 이것을 익혀서 과연 실제 매매에 이용할 수 있을까요? 한번 생각해보시기 바랍니다.

실제로 이중바닥과 여섯 가지 매수 타이밍을 여러분들께서 익히셨다고 하더라도 실제 차트를 눈앞에 가져다 놓으면 현재 지점이 이중바닥에 해당되는지, 이동평균선의 지지선으로 이용되는지, 또는 전고점으로 매수 타이밍을 잡을지, 매수 디버전스에 해당되는 것인지 등 상당히 헷갈리실 것입니다.

이 시점에 여러분들에게 아주 효과적으로 일봉 차트를 가지고 매매 포인트를 잡는 매매훈련 방법을 알려드리겠습니다.

일명 의사 결정 훈련이라고 하는데, 실제로 북한산 트레이딩 센터에 오시는 분들에게 한 달 동안의 시간을 들여서 이중바닥은 이중바닥대로 찾아봅니다. 거기에 이동평균선 지지에 대해서도 찾아보게 하고, 전고점을 스스로 찾아서 저와 수없이 많은 피드백을 합니다. 일종의 숙제 검사를 철저히 하는 것입니다.

트레이딩 센터에 오시는 분들은 이중바닥을 수십, 수백 개를 찾으면 제가 확인해드립니다. 또한 이동평균선을 찾아서 잘 찾았는지 검사를 받고, 전고점을 찾아서 저에게 확인을 받습니다.

한국 주식과 미국 주식에서 세 시간, 네 시간, 다섯 시간 또는 그 이상의 시간 동안 피드백 과정을 거칩니다. 그렇게 해서 알려준 각 매수 시점을 한국 주식과 미국 주식 등에서 찾는 능력이 80~90% 정도까지 되도록 만듭니다.

그래서 변곡점에 대한 이해와 그 변곡점이 여섯 가지 매수 시점 중 어디에 해당하는지 교육생이 완벽하게 이해했다고 하면 그다음 과정은 지금 이 강의에서 소개해드릴 모의 의사 결정 훈련 과정입니다.

　여러분들은 HTS를 누구나 다 갖고 계십니다. 현재 시점에서 내가 배운 여섯 가지 매수 시점이 안 보인다면 현재 시점에서 매수 시점을 고르려고 하지 마시길 바랍니다. 과거 차트는 여러분의 아주 좋은 선생님입니다. 과거 시점으로 가보는 것이죠. 이때는 결과를 기억하고 있으면 절대로 안 됩니다. 그것이 가장 중요합니다. 일봉 차트 10여 년 치 이상을 열어놓고 자기도 모르게 빠르게 앞으로 되돌려서 2005년 또는 2007년쯤에 차트를 멈추는 것입니다.

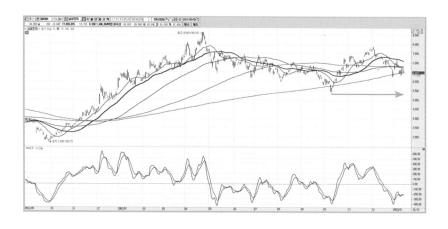

　이렇게 삼성전자 일봉 차트를 열어서 2003년으로 빠르게 와봤습니다. 여기에서 중요해보이는 변곡점이 하나 있습니다. 빨간 수평선이 기준이 되는 변곡점 가격이 나중에 온다면 이중바닥으로 매수 타이밍을 잡아볼 수 있겠다는 생각이 듭니다. 그래서 현재 시점에서 왼쪽 변곡점에서 수평 지지선을 그어 봅니다. 그리고 한 칸씩, 즉 일봉 한 개씩 오른쪽으로 움직여 갑니다.

한 칸씩 움직여 가다가 2월 11일 봉에서 이중바닥에 드디어 도달했습니다. 만약 이중바닥 가격까지 가격이 떨어지지 않고 상승한다면 매매를 안 하면 됩니다. 이중바닥 가격이 왔고 미리 그려 놓았던 지지선 가격을 터치했을 때 해당 일봉의 고가와 저가를 기준으로 해서 3등분을 합니다. 그리고 이 봉의 1/3 정도에서 매수를 했다고 가정을 합니다. 그리고 이 내용을 미리 작성하는 것입니다.

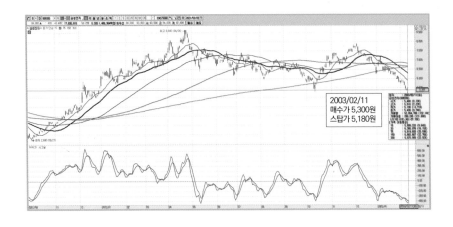

2003/02/11
매수가 5,300원
스탑가 5,180원

우선 해당 날짜를 적겠습니다. 이 봉의 고가가 5,510원이고 저가가 5,190원이기 때문에 1/3 가격인 5,300원에 매수를 했다고 가정한다면 스탑은 어디에 놓겠습니까? 60분봉 차트에서 이전 저가에 놓듯이 그날의 저가 밑에 설정합니다. 이날의 저가는 5,190원이니까 5,180원에 손절을 놓겠습니다. 이렇게 의사 결정을 하고 그 내용을 반드시 메모를 한 후에 이제 다음 일봉 차트로 넘어가보도록 하겠습니다.

2003/02/11
매수가 5,300원
스탑가 5,180원

2003/02/12
1차 익절 5,500원 (40%)
스탑조정 5,300원

5,300원에 샀는데 다음 날 5,600원까지 올라갔습니다. 현재
시점에서 5,600원에 팔았다고 가정하는 것은 불가능합니다. 그

렇기 때문에 상식적으로 생각해서 이 봉을 또 3등분해 2/3 정도
에 팔았다고 가정하는 것입니다. 그래서 5,500원 정도에 팔았다
고 가정할 수 있겠죠. 이렇게 1차 익절을 했다면, 예를 들어 '스
탑을 매수가까지 올려서 손실을 막고 이익을 확정 짓는다'와 같
은 위험 관리를 하는 것입니다. 여기서 중요한 것은 이익을 본 뒤
에 그다음 일봉 차트에서 청산할 것이냐 말 것이냐를 미리 결정
하는 것입니다.

이 뒤에 봉이 나오기 이전에 1%를 예로 들면, 1,000만 원어
치 샀다면 400만 원 정도는 1% 정도 이익 실현을 하고 손절은
그대로 놓겠다고 결정합니다. 아니면 두 번째 케이스는 1% 정
도의 이익 실현을 하거나 1.5% 정도에 이익 실현을 한 뒤 손절
을 그대로 놓고 400만 원 정도를 이익 실현을 하고 움직이겠다
는 등의 의사 결정을 한 것을 반드시 앞의 그림처럼 적어두셔
야 됩니다.

그래서 텍스트로 당일의 의사 결정한 내용을 적고 손절을 올
렸는지 말았는지 그것을 제대로 기록한 다음에 다음 일봉으로
이동하는 것입니다. 계속해서 한 칸씩 이동하다 보니 3일 후 크
게 가격이 상승한 것이 발견되었습니다.

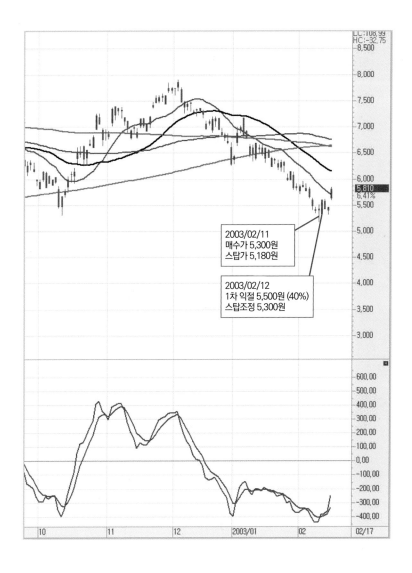

2003/02/11
매수가 5,300원
스탑가 5,180원

2003/02/12
1차 익절 5,500원 (40%)
스탑조정 5,300원

만약 이전에 1차 매도를 안 했다면 여기서 팔 수 있었지만 이렇게 올라갈지 누가 알았겠습니까? 그렇기 때문에 여기서 1차 익절을 한 것으로 텍스트를 고쳐 쓰는 것은 절대 해서는 안 되는 행위입니다. 일봉 한 개씩 그렇게 생각을 하고 이동하면서 그 당시의 의사 결정 훈련을 하는 것이 이 훈련의 주된 목적이기 때문입니다.

　1차 익절을 40% 했기 때문에 현재 60%의 비중을 들고 있습니다. 현재 봉은 15이동평균선을 만난 상태입니다. 이동평균선이 가격의 아래에 있을 때는 지지선 역할을 하지만, 가격 위에 있을 때는 저항선의 역할을 합니다. 따라서 현재의 15이동평균선을 저항선이라고 판단해 들고 있는 60%에서 30%를 2차 익절하기로 의사 결정을 한다면, 현재 봉의 2/3 지점에 익절을 한다고 가정하고 차트상에 또 기록을 남기는 것입니다. 또 다음 봉으로 넘어가기 전에 매수가인 5,300원에 있는 스탑을 어디까지 올릴지 또는 올리지 않을지 의사 결정을 하는 것입니다. 이 봉에서는 2차 익절만 하고 스탑은 그대로 두고 넘어가는 것으로 의사 결정을 해보고 의사 결정의 내용을 텍스트로 적어 보겠습니다.

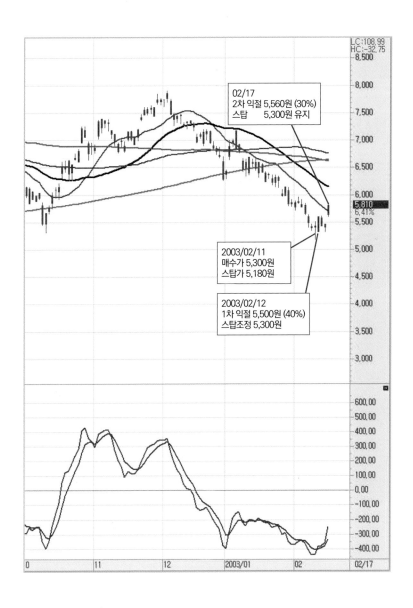

위와 같이 기록했다면 이제 또 다음 일봉으로 이동해보겠습니

다. 내용이 이해가 가지 않으시는 분은 매수의 정석 온라인 강의를 보시면 더 선명히 이해하실 겁니다.

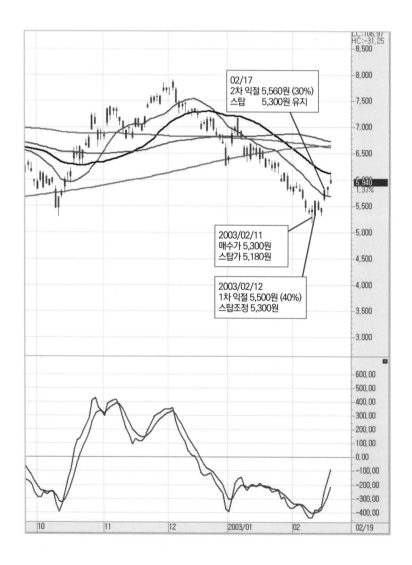

2월 18일에는 가격 변동이 거의 없었기 때문에 2월 19일로 이동했습니다. 저항선이었던 15이동평균선을 뚫고 상승했는데, 33이동평균선이라는 새로운 저항선을 만난 국면입니다.

이전에는 15이동평균선에서 저항선을 뚫고 올라왔지만, 33이동평균선을 만난 현재는 또 저항선을 상승 돌파할지 또는 이후 가격이 하락할지는 아무도 모르는 상황입니다.

이 상황에서 의사 결정을 하는 것입니다. 남은 30%의 보유 주식을 모두 이익 실현을 하고 나올 수도 있고, 스탑만 올려서 수익을 어느 정도 확정 지어 놓고 다음 일봉으로 넘어갈 수도 있습니다.

선택은 본인의 몫입니다. 만약에 여기서 이익 실현도 안 하고, 스탑을 올리는 위험 관리도 안 한 상태와 내가 이익 실현을 하고 2차 매도를 하고 스탑도 올려 붙이는 등의 의사 결정한 상태를 적어놓지 않으신다면 실제로 매매를 할 때 어떤 도움도 받을 수 없습니다.

머릿속으로만 생각하는 것은 아무 의미가 없습니다.

지금까지 공부했던 매수 포인트를 지켜서 진입 근거도 기록하고, 가격을 3등분 해서 매수하고 그다음 봉이 왔을 때 의사 결정을 하고 또 다음 봉으로 이동을 하면서 의사 결정을 하는 겁니다.

저는 이 시점에서 이미 2차 익절까지 하고 스탑도 본전으로 올려 두었기 때문에 남은 30%가 본전 가격만 치지 않는다면 계속

들고 가보겠습니다. 왜냐고요? 큰 변곡점이라고 생각했던 이중
바닥에서 매수를 했기 때문에 좀 더 큰 기대를 해보는 것이죠.

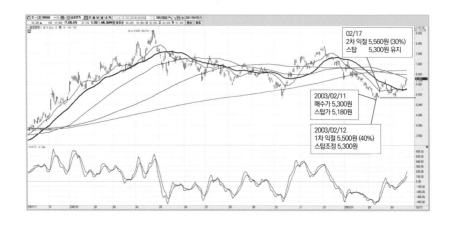

계속해서 차트를 앞으로 이동해보니 운이 좋게도 매수가로 올
렸던 스탑가가 5,300원이었는데 5,400원까지만 가격이 내려왔
다가 다시 올라가고 있습니다.

다시 한번 75이동평균선을 저항선으로 만났는데 또 고민이
되는 순간이 아닐 수 없습니다. 그렇다면 저는 그냥 남은 30%를
다 팔아버리겠습니다. 역시 이 봉의 2/3에 판다고 가정한다면
6,080원에 모두 판다고 의사 결정을 하겠습니다.

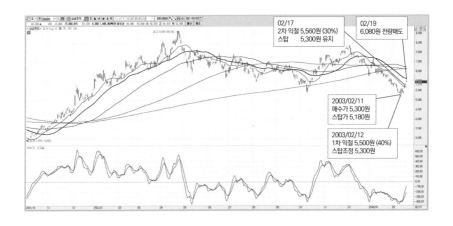

이렇게 하면 한 차례의 의사 결정 훈련이 끝난 것입니다.

매매 의사 결정 훈련이 끝나고 뒤를 보니 가격이 이렇게 천정 부지로 올라갔습니다. 만약 아무런 의사 결정을 하지 않고 방치

했더라면 물론 더 좋은 결과가 있었을 수도 있습니다.

아쉬우신가요? 하지만 그 반대의 경우를 생각해본다면 어떻습니까? 가격이 올라갔으니 아쉬운 것이지, 떨어졌으면 어떠한 대처도 할 수 없는 수동적인 투자자가 되는 것입니다.

위험 관리 없이 벌어들인 금액은 그만큼 손실이 될 수도 있었던 금액이란 것을 명심하시고, 우리는 위험 관리를 하면서 다음 기회를 노리면 됩니다. 그 기회를 어디서 포착할까요?

지금까지 열심히 공부하셨던 분이라면 정답이 보일 것입니다. 가격이 폭발하면서 올라가기 전, 이전 강의에서 자세하게 배웠던 N자형 패턴이 보입니다. N자형 패턴과 MACD가 0선에서 돌아 올라가는 패턴 3이 결합된 매수 타이밍을 주고 난 다음 가격이 폭발적으로 상승했습니다. 조금씩 챙겨 나가다 보면 이런 기회는 시장이 주는 것이니 조급해할 필요가 없습니다.

이렇듯이 지금 한국 주식을 가지고 매매 시뮬레이션 훈련을 여러분께 보여드렸습니다. 이 훈련 방법은 굉장히 중요하고 실질적인 방법이기 때문에 저는 여러분께 강력 추천해드리고 싶습니다.

북한산 트레이딩 센터에 오시는 분들도 위와 같은 훈련 과정을 반드시 거칩니다. 제가 가르친 방식대로 여러분들이 똑같이 매매 훈련을 시작합니다.

이것은 매매 일지 쓰는 방법과는 또 다른 차원의 훈련입니다.

내가 모의 매매나 실전 매매를 항상 하면서 매수 타이밍에 대한 근거가 확실한지, 아닌지를 보고 손절을 놓았을 때와 안 놓았을 때, 그 차이도 본인이 확실하게 빠르게 느낄 수 있다는 것입니다. 그래서 매매 일지 쓰는 것과 더불어 여러분들이 일봉 차트를 가지고 매매 의사 결정 시뮬레이션을 꼭 여러 번, 수십 번, 수백 번을 하시기를 강력 권고해드립니다.

14강

5분봉 차트를 이용해서 손절 스탑 1% 이내로 매수 타이밍 잡는 방법

　북한산 트레이딩 센터에 오시는 분들이 손절을 1% 이내로 놓고 매매하시는 영상을 많이 보실 수 있습니다.

　일반적으로는 8주 차라든지 아니면 매일 와서 매매 훈련을 하지 않으시는 분이라면 일봉과 60분봉 차트로 매수 타이밍을 잡는 방법을 훈련시켜드리고 있습니다. 매일매일 장을 9시부터 3시 반까지 보시는 분들에게는 5분짜리 차트를 이용해서 매수 타이밍을 잡고 손절을 1% 이내에 놓는 매매 방법을 알려드리고 훈련시키고 있습니다.

　여러분께도 온라인 동영상에서 이렇게 한 강의를 가져와 그 사례를 보여드리고자 합니다. 매매를 전업으로 매일 하시는 분들은 5분짜리나 15분짜리에서 매수 시그널이 나올 때 매매를 하는 방법을 이용하면 좋을 것이고, 그렇지 못한 분들은 60분짜리 차트를 보고 매수에 적용해도 충분할 거라고 생각합니다.

이 5분짜리 차트를 이용해서 손절 스탑을 1% 이내에 놓는 방법과 지난번 강의에서 일봉 차트로 매매 의사 결정하는 훈련하는 방법을 반드시 수백 번 정도는 하시길 바랍니다. 그 후 매매에 참여하시면 모의 매매든, 실전 매매든 여러분들의 실력은 매우 많이 향상되고 또 하방을 막는 능력이 훨씬 더 많이 배양될 것이라고 생각합니다.

LS 차트입니다.

LS 차트를 보시면 일봉 차트에서 원 구간이 어떤가요? 최초 33이동평균선이 지지가 되고 MACD는 패턴 3의 형태를 보이고 있는 구간입니다.

이 지점이 2020년 5월 14일입니다. 지지선이 하나밖에 없습니다. 33일 이동평균선입니다.

33일 이동평균선은 그 당시 가격을 보시면 33,477원이기 때문에 33,500원 또는 33,450 둘 중에 하나로 기준을 정하시는 겁니다.

왜냐하면 호가에는 33,477원이 없기 때문입니다.

하지만 33,477원을 잘 기억하고 계시고 5월 14일의 5분봉 차트로 가보겠습니다.

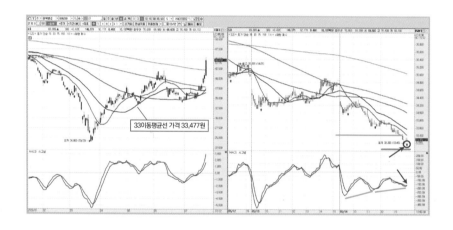

5월 14일 33,477원입니다. 5월 14일 33,477원을 가격이 도달함과 동시에 이제부터 매수를 하려고 '준비'하는 겁니다. 매수를 하는 것이 아니라 그야말로 '준비'입니다.

이 시점이 저희는 매수를 하기 위해서 준비하는 시간이라고 생각합니다.

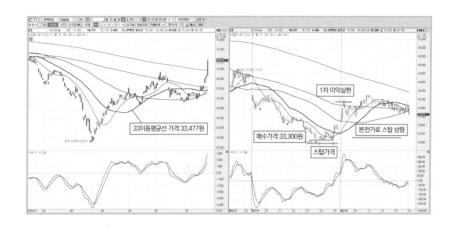

그래서 33,450원을 터치하고 난 다음에 가격이 더 떨어지고 5분
봉으로 한 칸씩 갈 때 5분봉 차트에서 매수 시그널이 발생했습니다.

이때 33,300원쯤에서 매수를 하고 33,200원이 저가이기 때문
에 33,150원 또는 33,100원쯤에 스탑을 놓고 매수 시도를 해보
겠습니다.

역시 MACD에서 골든 크로스가 발생하고 있고, 우연히도 매
수 디버전스가 연달아서 5분봉 차트에서도 발생하고 있습니다.

이 시간대의 60분봉 차트를 여러분들께서 찾아보시는 것도
굉장히 의미 있는 발견이 되실 거라고 생각하고, 여기에서 이
제 이 가격에서 매수를 하고 5분봉을 한 칸씩 지나보겠습니다.

저점이 지켜지고 또 한 번 매수 시그널이 나오면서 가격은 올
랐습니다.

그래서 이날 33,300원쯤에 매수를 하고 33,150원 0.5% 정도

되는 위험을 가지고 여러분이 매수에 가담했는데 오픈을 가지고 넘어갔을 때, 가격이 34,000원까지 오르는 현상을 볼 수 있었습니다.

그러면 이곳에서 1차 매도를 하고 그다음에 가격을 지켜보는 것입니다. 가격이 더 이상 하락하지 않고 이제 스탑을 어느 정도까지 올린다면 나머지 60% 비중은 장기 투자를 할 수 있는 상태가 될 수 있습니다.

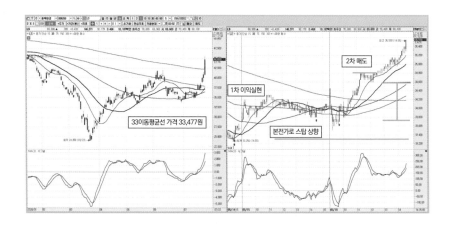

또 하루가 지나서 가격이 본전에 있던 스탑을 안 치고 상승한다면 2차 매도를 한 다음에 익절을 자기 재량대로 33,600원이든, 33,800원이든 놓고 장기 투자를 할 수 있는 상태를 만드는 것입니다.

앞에서 언급한 '기준선'은 굉장히 중요할 수밖에 없다는 것을 여러분들도 반드시 느끼셔야 합니다.

0.5%의 리스크를 가지고 매수에 가담한 상황이었고, 여러분들도 앞서 습득한 온라인 강의에서 배운 타점을 기준으로 해서 5분짜리 차트를 하나씩 오른쪽으로 움직여 보시길 바랍니다. 5분봉 시뮬레이션 훈련을 매일 한두 번씩 하신다면 실전 매매를 하기 전에 많은 사전 경험이 쌓일 수 있을 겁니다.

　　지금은 지나간 시장을 보시는 것이지만 실전 매매를 하면 시장이 생각보다 빠르게 움직일 수도 있습니다.

　　하지만 알려드린 방법대로 많은 시뮬레이션을 하시다 보면 실전에서 느끼는 조급함을 조금은 진정시키실 수 있을 것입니다.

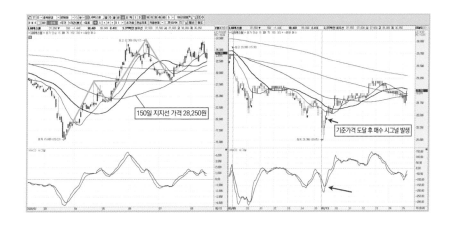

　　LIG넥스원입니다.

　　7월 차트를 한번 보도록 하겠습니다.

　　고점이 하나 발생했습니다. 전고점이 돌파되면 지지선이 되는 현상입니다.

여기에서 자세히 보시면 이 전고점에 해당되는 이날의 가격
대는 28,350원이고, 그 밑에 있는 지지선인 150일 이동평균선은
28,250원 정도로 100원의 차이를 보이고 있습니다.

150일 지지선 가격 28,250원

매수가 28,550원

1% 이내 스탑?

스탑가 28,000 밑 가격? (1.8%)

7월 13일의 5분 차트를 확인해보겠습니다.

7월 13일 150일 이동평균선은 28,250원입니다. 28,250원이
오면 매수하려고 준비하고 있는데 장 시작과 동시에 28,250원
을 터치하고 매수 시그널이 발생했습니다. 그리고 역시 MACD
가 시그널선을 상승 돌파하는 골든 크로스 현상이 나왔습니다.

이번 경우에는 28,550원쯤에 매수를 하고 28,000원 밑에 스탑
을 놓게 되었습니다.

스탑이 약 1.8% 정도로 커졌습니다.

이때 여러분은 어떤 의사 결정을 해야 할까요?

2%를 놓고 해서 확실하게 올라간다면 여러분들도 2%의 스탑

을 놓고 매매를 하겠죠.

하지만 가격이 하락해서 이중바닥 형태를 만들고 올라가거나 아니면 더 빠졌다가 올라가면 어떻게 될까요?

우리는 2%의 손실을 보게 됩니다.

1.8%의 리스크를 감수하고 매매하는 것이 경제성이 없다고 생각을 하니, 방법을 바꿔서 매수 후 1% 아래에 스탑을 놓고 만약 손절을 당하면 추이를 지켜보다가 이중바닥이나 가격이 더 빠졌다가 올라갈 때 매수를 해야겠다는 전략을 세울 수 있을 것입니다. 이 의사 결정은 오른다, 하락한다의 문제가 아니라 7월 13일 변곡이 될 확률이 높기 때문에 짧은 스탑으로 여러 번 매매를 할 것이냐, 큰 스탑으로 한 번만 매매를 할 것이냐는 전략의 문제입니다. 물론 일봉 차트상에서 매수 디버전스 현상도 나오고 있습니다.

그래서 이 변곡점에서는 이동평균선 지지와 매수 디버전스 전고점 3개의 지지 요인이 있기 때문에 매수했을 때 상승 가능성이 높으니까 나는 2%를 놓고 매매를 해보겠다고 결정하실 수도 있습니다. 그것은 선택의 문제이지 어떤 정답이 있는 게 아니라는 것을 말씀드리고 싶습니다.

북한산 트레이딩 센터에서 훈련하시는 분들께는 제가 이렇게 스탑을 1% 처음부터 두 번 나눠서 해보는 게 어떻겠느냐고 권해드리는데, 그건 여러분들이 선택을 잘하셔서 진행하시면 될 것 같습니다.

그 이후에 가격은 운이 좋게 상승했고 어느 정도에서는 1차 매도 그리고 스탑을 바로 1% 정도로 줄이는 지점으로 올린 다음에 다시 한번 그다음 날의 가격대를 지켜보면서 의사 결정을 계속 할 수 있는 것입니다.

그다음 날 가격이 폭발할 때 30,000이든 30,250원이든 2차 매도를 하고, 나머지는 스탑을 넉넉하게 놓는다든지 아니면 바짝 붙여 놓는다든지 여러분들이 3차 매도를 남겨 놓은 비중 30%는 얼마든지 장기 투자로 가져갈 수 있는 그런 환경을 스스로 만들 수 있는 것입니다.

북한산 트레이딩 센터에서는 1%의 스탑을 이런 방식으로 놓고 매매를 하는구나 하고 이해하시면 되겠습니다.

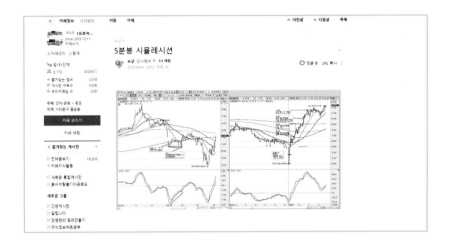

　　네이버 카페 매수의 정석으로 가시면 북한산 트레이딩 센터에 와서 훈련하시는 분들의 많은 매매 일지와 과제 등 자료가 많이 있습니다.

　　모든 교육생들의 훈련 방식은 항상 똑같습니다.

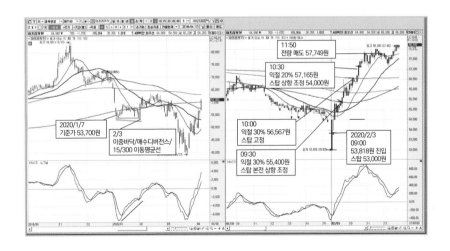

쇼군 님이 이중바닥 기준선인 53,700원을 설정을 했습니다. 2020년 2월 3일입니다.

2020년 아프리카TV 2월 3일 기준선인 53,700원을 최초에 터치한 후에 53,000원까지 가격이 하락했는데 차트를 보시면 어떻게 의사 결정을 했는지 자세히 보실 수 있습니다.

이번 강의에서는 5분봉 차트를 이용해서 손절 스탑을 1% 이내로 놓고 매수에 가담해서 매매 훈련을 하는 것을 여러분들께 소개시켜 드렸습니다.

이제 여러분들도 한국 주식과 미국 주식에서 똑같은 형태의 일봉 차트를 먼저 찾고 근거를 찾아 5분봉 차트에서 매매 훈련을 해보시길 바랍니다. 또 시간이 허락하신다면 그 옆에다 60분봉짜리 차트를 띄워놓고 그 당시의 5분봉과 60분봉 차트에서 어떤 매수 시그널이 나왔는지, 또 시차가 어느 정도 발생하고 5분봉이 먼저 나왔는지 60분봉이 먼저 나왔는지 등을 확인하시면서 매매에 이용하시면 좀 더 짧은 스탑을 이용해서 매수에 가담하는 방법을 스스로 찾으실 수 있을 겁니다.

15강

신용융자잔고를 이용한 매매 가설

이번 강의에서는 신용융자잔고 지표에 대해서 알아보도록 하겠습니다. 이 신용융자잔고 지표를 이용한 매매 가설은 그야말로 가설이니 참고 부탁드립니다.

신용융자잔고는 저도 실전 매매에 몇 번 사용하기도 하지만 굉장히 주의를 기울여서 사용해야 합니다. 원래 저는 물타기는 전혀 하지 않도록 가르치고 있고, 저도 물타기를 웬만하면 하지 않습니다.

계획된 물타기를 하는 것은 괜찮습니다. 신용융자잔고를 이용한 매매 가설을 여러분들도 보시고, 합리적이고 논리적이라고 생각하시면 매매를 모의 투자로라도 해보시면 좋을 겁니다. 모의 투자 시에는 여러 종목을 골라서 신용융자매매에 해당하는 상황인 종목을 골라서 매매해보시면 될 것 같고, 이 논리를 접하고 궁금한 것이 있으시면 저희 카페에 언제든 질문을 올리시면 됩니다. 그런 질문들이나 사례들을 여러분들이 많이 올려주시면 답글을 제가 계속해서 올려드리고 함께 사례를 보고 발전시켜 나가도록 하겠습니다.

이번 강의를 잘 들으시고 계획된 물타기, 즉 다운사이징 매매 방법에 대해 한번 생각해보시기 바랍니다.

첫 번째 신용융자잔고는 지표가 아닙니다. 지표가 아니라 돈의 흐름을 보여주는 것입니다.

무슨 이야기인지 조금 뒤에 차트를 보면서 말씀드리겠습니다.

신용융자지표는 한국 거래소에서만 제공되기 때문에 미국 주식이나 다른 해외 주식 중국 주식에서는 제공해주지 않는 정보입니다. 한국에서 워낙 많은 지표를 개인 투자자들에게 제공하는데, 그중에 하나인 돈의 흐름이라고 보면 될 것 같습니다.

이 방법은 기존에 익혔던 매수 타이밍들이 많이 있는데, 일봉과 주봉 차트 또는 일봉과 월봉 차트 이렇게 일봉 차트와 결합한 장기 투자를 하기에 적합합니다.

그래서 기존에 배웠던 매수 타이밍과 결합해서 매수 계획을 꼭 세우셔야 하고, 장기 투자 전략에 해당됩니다. 이 방법은 자금 관리나 자금 분배 계획을 철저히 처음부터 세워서 사용해야 합니다. 그리고 기존 매수 타이밍과 결합해서 이 신용융자잔고를 이용해 매수 타이밍으로 사용하는데 여기에서도 반드시 손절 전략은 지켜져야 합니다. 그럼 차트를 보면서 이 신용융자잔고 지표를 사용하는 방법을 말씀드리겠습니다.

    일단 이 지표 형태는 기술적 지표에서 신용잔고(종목별)가 있고 신용잔고율(종목별)이 있습니다. 신용잔고율은 선택하지 마시고 신용잔고(종목별)를 선택하신 다음에 보면 각 종목에 대한 신용잔고를 나타내고 있습니다. 그러면 이것을 기존 차트에 삽입하도록 하겠습니다.

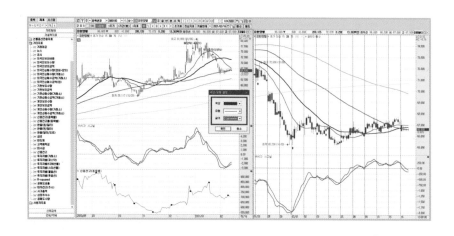

이렇게 또 하나의 지표가 보입니다.

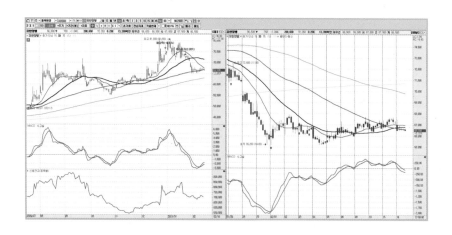

 일반적으로 신용잔고라는 것은 기관이나 개인은 빚을 내서 매

매를 하지 않습니다.

　신용잔고의 의미는 개인들이 CJ제일제당에서 얼마나 빚을 내서 매매를 하고 있는지 돈의 흐름을 보여주는 것입니다. 그렇기 때문에 제가 말씀드렸듯이 지표가 아니라 돈의 흐름을 보여주는 것입니다.

　일반적으로는 가격이 상승할 때 신용융자잔고에서 보듯이 빚을 내서 매매하는 개인 투자자들의 비중도 늘어나게 됩니다. 가설이라고 말씀드렸으니 혼동 없으시길 바랍니다. 이렇게 가격이 올라갈 때 네이버 차트를 한번 보겠습니다.

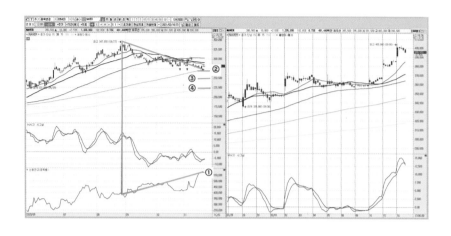

　지금 현재 정점에 있는 상황에서 신용융자잔고를 보면, 대충
386,000주입니다. 387,000주라고 가정하고 가격은 이렇게 하락
하는데, 오히려 신용융자잔고는 1번 지점처럼 계속해서 상승하
고 있습니다. 신용융자잔고는 오후 5시가 되어야만 거래소에서
집계가 되어 결과가 나오고 장 중에는 가격이 움직이는 것처럼
변동하지 않는 하나의 점입니다.

　하나의 점으로만 이어져서, 가격 움직임처럼 오후 다섯 시에
발표가 된다는 점을 숙지하셔야 합니다. 내일 아침에 가격이 시
작될 때는 여기에서 멈춰서 신용융자잔고가 어떻게 변했는지는
알 수가 없지만, 중요한 것은 하루하루의 움직임이 아니라 이런
추이를 관찰해야만 됩니다.

　정점에 34만 원이라고 하고 이곳에서 시그널이 나오는 상태
에서 봅시다. 이중바닥과 150이동평균선 지지가 발생하고 있

는 상황에서 신용융자잔고는 가격이 하락하는데, 오히려 개인들 중에 큰손이나 돈을 많이 갖고 있는 사람들이 오히려 신용융자잔고를 늘리고 있는 상황이라고 보시면 됩니다. 여기에서는 지금 387,000주, 1번 지점에서는 575,000주로 대략 180,000주가 증가했습니다.

고점과 저점의 중간 가격인 대략 30만 원 선으로 신용융자잔고 기준 가격을 잡도록 하겠습니다. 기준을 30만 원에 둬, 약 18만 주가 늘었으면 540억 원의 신용융자잔고가 늘어난 것입니다. 빚을 내서 18만 주가 늘었기 때문에 30만 원×18만 주를 하면 540억 원 정도가 됩니다.

굉장히 큰돈이 개인에게 물려 있다고 보시면 됩니다. 이럴 때 여러분들이 배웠던 그런 이중바닥, 아니면 150일 이동평균선 지지 등이 함께 맞물려서 지지선이 나온다고 생각해보겠습니다.

여러분들이 예를 들어, 한 종목당 3,000만 원씩 내가 균등히 투자를 하고 있었으면 2번 지점에서 일단 1/3씩, 즉 1,000만 원을 매수하는 것입니다.

첫 번째 매수한 가격에서 5~10% 정도가 더 하락하면 또 1,000만 원어치를 추가 매수하겠다는 전략도 생각하셔야 합니다.

처음부터 3,000만 원 원금을 다 매수하는 것이 아니라 1,000만 원씩 세 번 또는 더 보수적인 분은 네 번으로 나눠서 매수를 하는 겁니다.

가격이 상승할 때 신용융자잔고를 사용한 사람의 비중은 점점

줄고 있습니다. 고점에서 가격이 빠지는데 신용이 늘어나고 있다는 것은 큰손이나 돈이 많은 사람들이 물려 있다는 것입니다. 일반적으로는 조금 전에 CJ제일제당에서 보는 것처럼 가격이 오르면 함께 신용융자잔고가 오르는 것이 정상적입니다.

하지만 오히려 가격이 하락하는데 신용을 늘리고 있다는 것은 시장이 어떤 조짐이 있다는 징후라고 저는 판단을 합니다. 돈 많은 개인들이 빚을 내서 투자를 하는데 자기네들도 손실을 보지 않고 어떻게 해서든지 본전 또는 그 이상의 이익을 얻으려고 발버둥을 칠 것입니다. 돈의 논리는 똑같은 겁니다.

그래서 이러한 특이한 현상이 돈의 흐름에서도 보인다는 것입니다. 매수 디버전스처럼, 가격이 하락하는데 오히려 빚을 내서 매매하고 있는 사람들의 주수가 늘어나고 있다는 것은 한번 생각해볼 만한 지점이 아닌가 생각합니다.

그래서 저는 이런 지점이 분할 매수를 해볼 만한 지점이 아닐까 생각합니다. 그런데 처음 매수 진입을 1/3 하고 난 후에 가격이 운 좋게 상승한다면 더 이상 불타기는 하지 않습니다. 하지만 가격이 이렇게 하락한다면 300일 지지선까지 기다린 후에 2차 매수를 계획대로 합니다.

정리하면 투자 자금을 3번 정도로 나누어서 계획된 물타기를 실행합니다(가격이 하락할 경우에).

그리고 최초 매수가 대비 5~10%가 더 하락하면 두 번째 매수, 그리고 마지막 매수는 두 번째 매수 가격 대비 다시금 5~10%

하락했을 때 매수합니다. 일반적으로 대형 우량주는 가격이 상승하거나 하락할 때 일직선으로 올라가거나 떨어지지 않습니다. 각각 올라간 만큼의 절반 정도는 조정을 주는 경향이 있습니다.

3번의 물타기를 한 상황이라면 이제 나의 평균 단가는 대략 두 번째 매수 가격이 될 것이고, 두 번째 매수 가격을 기준으로 이때 손절은 20% 정도로 설정합니다. 이후 전략은 다른 매매 방식과 똑같습니다. 가격이 평균 매수 가격보다 상승하기 시작한다면 기분 좋게 바라만 볼 것이 아니라 똑같이 이익 실현 일부 후 이때부터는 '반드시' 20% 아래 설정했던 손절을 상승시키는 노력을 해야 합니다. 더 구체적인 내용은 온라인 강의 매수의 정석을 참고하시기 바랍니다.

SK하이닉스 차트를 한번 확인하겠습니다.

앞에서 네이버는 매수 디버전스도 있고 150일 이동평균선 지지선도 보이는 매수 타이밍에서 신용·융자잔고도 1번 지점처럼 올라갔습니다.

그렇다면 하이닉스를 한번 확인해보겠습니다. 지금 현재 보이는 고점부터 수직선을 내려 그려 보면 이 지점에 신용·융자잔고가 약 164만 주라고 가정하고 가격이 쭉 하락했을 때, 즉 9만 4천 원짜리가 7만 천 원까지 빠졌는데 신용·융자잔고는 오히려 올라가고 있습니다. 지금 보시는 것처럼 167만 주에서 300만 주까지 증가했다는 이야기는 순증가가 약 130만 주의 신용이 늘었다는 것입니다.

이런 상태에서 가격이 주봉이나 월봉 차트에 지지선이 있거나 아니면 매수 디버전스가 나온다거나 하는 이전에 익혔던 매수 타이밍 현상이 똑같이 발생한다고 가정합시다. 그러면 이제 첫 번째 지지선에서부터 3,000만 원이면 3등분 1,000만 원씩 또는 4등분 750만 원씩 또는 700만 원씩 해서 분할 매수를 계획하는 겁니다.

만약 2번 지점에 지지선이 있으면 이 지지선에서 일부를 사고, 그다음에 또 5~10% 빠지면 또 3번 지점에서 일부를 사고, 또 4번 지점인 이중바닥 올 때까지 지지선을 보시길 바랍니다. 신용·융자잔고가 계속 늘어날 것이라고 예측하고 미리 계획된 분할 매수 전략을 세우시는 것입니다.

수치를 보면 신용·융자잔고의 순증가는 140만 주가 늘었고, 가격은 9만 4천 원에서 7만 원까지 대략 중간 가격이라고 가정한다면, 8만 5천 원에 140만 주를 곱하시면 1,190억 원이 됩니다.

개인들이 1,190억 원을 빚을 내서 투자한 상황이라는 겁니다. 1,190억 원이면 어머어마하게 큰돈입니다. 물론 SK하이닉스가 삼성전자처럼 굉장히 많은 거래량이 있는 것은 맞지만 1,190억 원이 작은 돈은 아닙니다. 분명히 '무언가' 징후가 있다고 저는 판단합니다. 그냥 저의 생각일 뿐입니다.

이제 여러분들이 한번 찾아서 해당되는 종목들을 질문해보시는 건 어떨까요?

신용융자잔고의 누적 그래프와 가격이 정확히 일치하지는 않지만, 결국에는 가격이 상승하면서 신용융자누적잔고는 하락하기 시작했습니다. 우연의 일치일 수도 있습니다. 하지만 신용으로 샀던 사람들이 이익 실현하고 시장에서 빠져나가는 이런 행태를 보실 수 있습니다.

이것도 일종에 매수 디버전스라고 보시면 됩니다. 매수 디버전스 형태가 뭡니까? 가격은 하락하는데 지표는 올라가는 것입니다. 하루, 이틀 만에 이런 것을 배우셨다고 해서 제발 바로 돈으로 확인하지 마시고, 여러 가지 종목들을 과거 시장에서 관찰하신 다음에 충분히 많은 사례를 찾아보고, 검증하며, 전략을 만들어서 투자를 하시길 바랍니다. 그 후에 하셔도 절대 늦지 않습니다. 시장은 언제나 기회를 주기 때문입니다.

제가 경험해본 바로는 최악의 경우 마지막 매수 가격에서부터 10%, 20%, 30%까지 더 하락하는 케이스도 봤습니다. 그렇기 때문에 손절이 항상 중요하다고 말씀드리는 것입니다. 여러분들께서 이런 신용융자 종목을 이용한 투자법 역시 새롭긴 하지만 100% 확률은 아니라는 것도 반드시 명심하셔야 합니다.

현대차 차트를 보겠습니다.

현대차 차트도 보시면 가격이 하락할 때 신용융자잔고가 증가하는 현상을 볼 수 있습니다. 2019년 6월에 가격과 신용융자잔고를 비교해보면 97,000주밖에 없었습니다. 그런데 가격이 쭉 하락하면서 14만 원짜리가 6만 5천 원까지 갔습니다. 그런데 신용융자잔고의 흐름은 약 10만 주에서 70만 주까지 60만 주의 순증가를 보입니다. 대략 60만 주 곱하기 10만 원으로 해보면 600억 원 정도가 개인들이 물려 있는 것입니다. 큰돈입니다. 신

용으로 물려 있는 것입니다. 그다음부터 어떤 현상이 일어나는
지 보겠습니다.

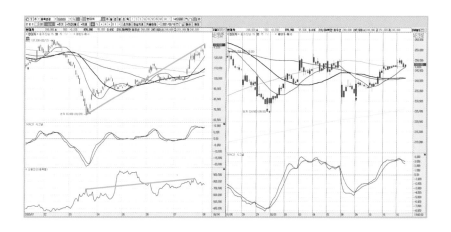

　이것은 특이한 케이스인데 가격이 오르면서 신용이 좀 더 올
라갔습니다.
　그러고 나서 가격이 올라갈 때 어떤 현상이 보이나요.
　다양한 형태의 신용융자잔고를 이용한 매매 방법이나 현상
을 여러분들께도 직접 확인해보시고 실전 매매에 임하시기를
바랍니다.

16강 매매 일지 쓰기의 중요성 : 습관이 바뀌어야 운명이 바뀐다

매매 일지 쓰기는 트레이딩에 얼마나 도움이 될까?

사람을 변화시키는 심리의 논리적 구성, '스토리 편집'

사회심리학자인 티모시 윌슨(Timothy DeCamp Wilson)은 자신의 저서 《Redirect》에서 사람의 변화를 연구하고 있습니다. 그는 '스토리 편집(Story editing)'이라는 기법으로 사람의 행동을 '새로운 방향으로 변화'시킬 수 있다고 주장합니다.

그의 연구에 의하면, 습관을 바꾸는 일, 의지를 강화시키는 일, 강점을 키우는 일, 간절히 원하기 등을 통해서 개인의 혁신과 변화가 일어납니다.

다만 본인이 그런 일에 자발적으로 몰입할 때에 한해서만 그렇다고 합니다. 자발적 참여와 몰입을 가능하게 하는 또 하나의 심리적 요인이 필요한데 그것을 '스토리 편집'이라고 합니다.

예로, 어떤 트레이더가 이제부터 제대로 트레이딩을 하는 사람이 되겠다고 결심했다 치지요.

그는 몇 가지 나쁜 습관(손절하지 않기, 뇌동 매매 등)을 책상 앞에 적어놓고 고치기로 결심합니다. 그러나 쉽지가 않습니다. 작심삼일로 끝내는 사람이 태반입니다.

티모시 윌슨은 이런 실패의 원인을 스토리 편집의 부재로 설명합니다.

'스토리'란 이 사람이 그런 습관을 고쳐서 어떤 삶을 살겠다고 하는지에 대한 총체적 삶의 그림입니다. 즉 손절을 꼭 하겠다는 결심만으로는 손절을 길들이기 어렵다는 것이지요.

그러나 만약 '내 아내는 나만 바라보고 있고 자식들은 아직 커나가는 중이다. 난 전문적인 트레이더로 거듭나서 그들을 부양해야만 한다. 그러려면 트레이딩의 핵심인 손절 방법을 반드시 몸에 익혀야 해'라는 삶의 계획, 즉 스토리가 분명하고 절박할수록 그 결심을 지킬 가능성이 높다는 것입니다.

저자의 주장은, 삶에 변화를 일으키고 싶으면 그 변화의 내용을 중심으로 해서 자기 삶 속에 전개되어야 할 이야기(Story)를 분명하고 절실하게 창작(Editing)해내라는 것입니다.

그는 이 스토리가 절실하고 합리적일수록 의도한 변화는 더 잘 일어날 수 있다고 장담하며 그 구체적 방법으로 글쓰기를 권하고 있습니다.

나를 객관화시키는 글쓰기

끔찍한 사건을 목격한 소방관, 경찰관 그리고 일반인에 대해서도 널리 사용되는 심리 치료법으로, CISD(Critical Incident Stress Debriefing)라는 '위기상황 스트레스 해소활동'이 있습니다. 이 CISD는 정신적 외상을 겪은 사람들에게 가급적 빨리 감정을 분출하게 해서, 감정을 차단하고 억누르는 데서 오는 외상 후 스트레스 장애를 방지하는 것을 전제로 하고 있습니다.

보통 CISD세션은 서너 시간 정도 진행되는데 참석자들은 트라우마를 자신들의 관점에서 설명하고, 그 사건에 대한 생각과 감정을 표현하며, 현재 겪고 있는 신체적, 심리적 징후들에 관해 서로 이야기를 나눕니다.

진행자가 있고 여럿이 같이 있는 장소에서 심리적 경험을 보고하는 이 방법은 얼핏 효과적인 것처럼 보입니다. 사람들이 감정을 억누르기보다 허심탄회하게 이야기하도록 유도하는 것이 좋은 일임은 분명하니까요.

그런데 정말 그럴까요?

실험심리학자들이 CISD의 실효성을 제대로 검증해보기까지는 상당한 시간이 걸렸습니다.

이 방법이 이롭다는 게 너무나 분명해보인다는 사실도 하나의 이유가 되었지요. 하지만 막상 실험으로 실시해보니 예상치 못한 사실이 발견되었습니다. CISD가 효과적이지 않을 뿐만 아니라, 오히려 과거의 기억을 '동결'시켜버리는 것과 같은 심리 문제를 유발할 수도 있었던 겁니다.

만약 글쓰기 요법을 썼다면 어땠을까요?

사회심리학자 제임스 페니베이커(James W. Pennebaker)가 개척한 이 기법은 사람들을 무작위로 선별해 개인적인 트라우마나 그날 무엇을 했는지와 같은 일상적인 주제에 대해 글을 쓰게 하는 방식으로 실험했습니다. 단기적으로는 사람들은 충격적인 경험에 대한 감정을 표현하기 고통스러워했습니다.

그러나 시간이 지나면서 글쓰기 요법을 실천한 사람들은 여러 가지 측면에서 나아진 모습을 보였습니다. 면역 기능이 개선되었고 병원을 방문할 가능성이 낮았으며 대학에서 더 높은 학점을 받았고 직장에 결근 일수도 적었습니다.

그러면 왜 CISD는 효과가 없고 글쓰기 요법은 그렇게 강력한 힘을 발휘하는 것일까요? 그것은 자신에게 벌어진 일에 대한 사람들의 해석과 관련이 있습니다. 글쓰기 요법은 CISD에 비해 사람들이 그러한 해석을 건전한 방향으로 전환시키도록 도와주기 때문입니다.

수세기 동안 철학자들은 우리에게 영향을 미치는 것은 객관적인 세계가 아니라 그 세계를 표현하고 해석하는 방식임을 인식하고 있었습니다. 사회심리학자들은 이러한 주관적인 해석이 무의식적으로 빠르게 형성된다는 중요한 조건을 추가했습니다.

우리에게 무슨 일이 벌어질 때 뇌는 신속하게 그 상황을 최대한 이해하려고 노력합니다.

그 속도는 우리가 세계를 '관찰'하고 있는 건지, '해석'하고 있는 건지 분간할 수 없을 정도로 빠릅니다.

우리가 세상을 해석하는 방식은 굉장히 중요합니다. 우리의 해석은 자기 자신과 사회에 대해 각자가 형성하는 내러티브 (Narrative, 세상을 바라보고 해석하는 방식)에 뿌리를 두고 있습니다. 똑같은 상황을 두고도 감정을 추스르며 더 잘해야겠다고 스스로 동기 부여를 하는 이가 있는가 하면, 비관적인 사고의 틀에 빠져 허우적대는 경우가 있는 것은 바로 이 때문입니다.

사람의 자아관은 여러 해 동안 가족 관계와 사회적 관계, 문화적 영향에 의해 형성되므로 그런 관점이 하룻밤 사이에 뒤집어지리라고 기대할 수는 없습니다.

이유 없이 반항하는 10대 자녀에게 부모가 잔소리한다고 바뀌지 않습니다. 그리고 "부디 당신 자신에 대한 관점을 바꿔보세요"라고 통사정한다 한들 그렇게 될 리 만무합니다.

내러티브(즉, 세상을 바라보고 해석하는 방식)를 수정하려면 겹겹이 쌓인 유화물감을 벗겨내고 새 캔버스 위에 처음부터 다시 시작해야 합니다. 그만큼 어마어마한 과업이라는 뜻입니다.

글쓰기는 스스로 행동하도록 돕는다

스토리 편집(Story editing)이란 용어는 사람들이 자기 자신과 사회에 대해 오랜 기간 형성해온 개인적 내러티브를 그 대상으로 삼겠다는 뜻을 담고 있습니다. 소설의 시작 부분에서 몇 가지 핵심적인 사항을 바꾸면, 이후 이어지는 줄거리 전체가 바뀌는 것에 비유할 수 있습니다.

이 스토리 편집은 어떤 식으로 진행될까요? 여러 방법 중 하나는 페니베이커의 글쓰기 요법에서처럼 사람들이 자신의 내러티브를 직접 전환하게 하는 것입니다.

이 접근법은 인생의 어떤 중요한 사건에 대해 조리 있게 해석을 내리지 못하는 사람들에게 유용합니다. 이해도 되지 않고 생각하기도 싫은 어떤 일이 벌어졌을 경우 말입니다.

손절을 걸지 않고 버티다가 막대한 손실을 보며 트라우마에 빠진 트레이더가 좋은 예가 될 겁니다.

사람들은 그런 일을 재빨리 잊어버리려고만 하기 때문에 그것을 제대로 설명하거나 받아들이는 방법을 터득할 가능성이 더욱 낮아집니다.

글쓰기 요법은 사람들이 그런 사건을 재해석하게 만드는 효과적인 도구가 됩니다. 글쓰기 요법은 한 걸음 물러서서 벌어진 일을 다른 틀로 재구성해볼 기회를 갖는 것입니다.

실제로 글쓰기 요법으로 가장 큰 효과를 보는 사람들은 처음에 충격적인 사건에 대해 두서없이 무질서하게 끄적거리기 시작하다가 결국에는 일관성 있는 줄거리를 완성하고 그 사건에 의미를 부여하는 사람들입니다. 이 시점에 이르면 그 사건이 당사자의 생각 속으로 불쑥 침범할 가능성이 낮아지고, 그것을 억누르느라 심적 에너지를 허비할 필요도 없어집니다.

작가이자 평론가인 수전 손택(Susan Sontag)은 본인의 일기에 "나는 나 자신을 정의하기 위해 글을 쓴다. 그것은 자기 창조(Self Creation)행위이며 나 자신이 되어가는 과정의 일부다"라고 적었습니다.

물론 글쓰기 요법이 모든 심리 문제에 대한 마법과 같은 해결책은 아닐 겁니다. 그렇다 할지라도 글쓰기 요법은 다양한 부류의 트라우마 경험자들에게 놀랄 만한 효과를 보이는 것으로 입증되었습니다.

《시크릿》과 같은 자기계발서는 우리가 안락의자에 앉아 원하는 것에 대해 생각하기만 하면 그것이 마법처럼 우리에게 다가올 거라고 이야기합니다.

살을 빼고 싶으면 다이어트를 하라거나 시험을 잘 보고 싶으면 공부를 하라고 하지 않습니다. 그저 사람들에게 실제로 어떤 행동을 취하지 않아도 된다고 조언하고 있습니다. 이 책의 위험성이 여기에 있습니다.

긍정적인 생각을 하기만 해도 원하는 바를 얻을 수 있다는데 다이어트나 공부가 무슨 필요가 있겠습니까.

반면 자신이 원하는 최고의 자화상 같은 것을 글쓰기로 표현하는 방법은, 단순히 긍적적인 생각을 주입시키는 데 머물지 않고 사람들이 자신에게 득이 되는 방향으로 '행동'하기 쉽도록 사건 해석 방식을 바꾸어 놓습니다.

예를 들어 낙관주의자들은 성공할 수 있다는 확신 때문에 다이어트를 계속할 가능성이 높습니다. 더 열심히 공부하면 성적을 올릴 수 있으리라고 믿는 대학생은 실제로 더 열심히 공부합니다.

증권 시장에서 트레이딩 훈련을 하고 있든 실전매매를 하고 있든, 매일 꼼꼼하게 일지를 써야 하는 이유가 여기에 있습니다. 장 마감 후 휴식을 취한 다음 객관적인 시각으로 자신의 매매를 돌아보며 잘잘못을 살피고 유사 상황에서 앞으로 어떻게 대처해야겠다고 트레이딩을 재구성해보는 시간을 매일매일 갖는다면, 그렇지 않은 경우보다 더 나은 트레이딩을 하게 될 가능성이 높습니다.

구체적인 준비는 구체적인 결과를 이끈다

훈련과 연습의 중요성은 아무리 강조해도 지나치지 않습니다. 피겨 그랑프리대회, 사대륙 선수권대회, 세계 선수권대회 그리고 이어지는 올림픽을 석권하며 그랜드 슬램을 이룬 김연아 선수는 매일 몇 시간의 연습을 거른 적이 없습니다. 무명이던 어린 시절에 그랬고, 최정상에 오른 이후에도 기량을 유지하기 위한 일상적인 훈련은 변함이 없었습니다.

세기의 발레리나 강수진 또한 독일 슈투트가르트 발레단에서 그 계통의 나이로는 한참 전에 은퇴했을 법한 47세의 나이까지 현역 활동을 했습니다. 그것이 가능했던 건 하루도 빠지지 않는 연습으로 몸 관리를 철저히 한 데 있었습니다.

첼로의 성자 파블로 카잘스(Pablo Casals)도 연주 활동 내내 노구를 이끌고 하루도 연습을 빼먹지 않았다고 합니다. 반복되는 일상의 연습에서 "오늘 내가 어제보다 조금 더 나아진 것 같다"고 했다지요. 하물며 감당하기 힘든 시장을 상대로 외로운 싸움을 벌여야 하는 트레이더가 훈련을 게을리한다면 어떻게 되겠습니까? 트레이더에겐 전담 지도해주는 코치나 매니저가 있는 것도 아닙니다.

스스로 방법을 연구하며 헤쳐 나가야만 합니다.

선수가 경기 영상을 되돌려보며 훈련에 반영하듯, 연주자가 자기 연주를 들어보며 보완 연습할 점을 찾듯이 트레이더에게는 자신이 행한 매매를 객관적, 논리적으로 되돌아보는 복기가 대단히 중요한 훈련이 됩니다. 철저한 복기와 함께 그에 따른 행동 교정에 정성을 쏟는 만큼 그의 미래가 달라지지 않을까요?

부정적인 사건을 스스로 조절하고 변화할 수 있는 요소들로 돌리는 사람들은 우울증이나 좌절에 빠질 가능성이 상대적으로 낮고, 건강에 문제가 생길 가능성도 낮으며, 어려운 상황이 닥치더라도 더 열심히 노력할 가능성이 큽니다.

이처럼 개인의 내러티브를 긍정적인 방향으로 돌려주는 데 일기 또는 일지가 중요한 역할을 합니다. 트레이딩을 하다 보면 어떤 때는 며칠 연속으로 손실을 보며 슬럼프에 빠질 수도 있습니다. 그러나 하루도 거르지 않고 나를 돌보는 일지 쓰기는 이런 어려움도 빠르게 벗어날 수 있도록 도움을 줄 것입니다.

사람의 '생각'이란 불연속적이고 뜬구름 같은 것이어서 구체적으로 기록하며 돌이켜보지 않는 한 좀체 정리가 되질 않습니다. 매일매일 일지를 적어가며 결심을 다지고 실행하는 사람이, 머릿속 결심만으로 행동하는 사람보다 지속성이 높고 달성 가능성이 높을 것임은 자명합니다.

머릿속 결심은 백날 해봐야 헛일이 되고 맙니다. 컴퓨터의 메인 메모리처럼 재부팅만 하면 지워지는 일회성 기억과 같기 때문이지요. 반면 일기나 일지로 연일 다져가는 결심은 무의식에

기록해서 영구 보존하는 것과 같으며, 의식하지 않아도 반사적 행동으로 옮겨질 가능성이 큽니다.

저는 저의 책《트레이딩은 트레이닝이다》에서 '매매 일지 작성은 트레이닝의 완성'이라고 강조했습니다. 가감없이 자신을 보여줘야 살 수 있으며, 그 이유로는 겸허하게 자신을 표현하는 사람만큼 더 많이 배우고 느끼는 사람은 없기 때문이라는 것입니다.

일지는 자유로운 형식으로 쓰면 되지만 반드시 포함되어야 할 요소로, 진입 시점과 진입 근거, 손절이나 익절 가격, 매매 시점의 차트, 객관적인 자기 반성, 향후 전략을 들었습니다.

앞에서 언급했듯이, 나를 드러내는 글쓰기의 효과는 과학적으로 입증되었습니다.

새 출발 하고 싶다면, 잘못된 습관을 고치고 싶다면, 절박함을 가지고 꼼꼼하게 매매 일지를 적으시기 바랍니다. 개인의 내러티브(세상을 바라보고 해석하는 방식)를 긍정적인 쪽으로 돌려주고 일상에서 실현될 수 있도록 도와주는 글쓰기, 즉 일지를 적으며 자신을 들여다보는 일과는 소망하는 바를 이룰 수 있는 핵심 습관이 될 겁니다. 나아가 향후 인생 전체를 바꿀 수도 있는 습관이 될 것입니다.

실전에서 바로 써먹는
패턴매매기법 주식 투자

제1판 1쇄 | 2021년 8월 24일

지은이 | 장영한, 김성재, 장호철, 김기태
펴낸이 | 유근석
펴낸곳 | 한국경제신문 *i*
기획제작 | (주)두드림미디어
책임편집 | 이규재, 배성분   디자인 | 디자인 뜰채 apexmino@hanmail.net

주소 | 서울특별시 중구 청파로 463
기획출판팀 | 02-333-3577
E-mail | dodreamedia@naver.com
등록 | 제 2-315(1967. 5. 15)

ISBN 978-89-475-4739-0 (03320)

책 내용에 관한 궁금증은 표지 앞날개에 있는 저자의 이메일이나
저자의 각종 SNS 연락처로 문의해주시길 바랍니다.

책값은 뒤표지에 있습니다.
잘못 만들어진 책은 구입처에서 바꿔드립니다.

한국경제신문 *i* 주식, 선물 도서목록

DM dodreamedia

두드림미디어
경제·경영, 재테크, 자기계발, 실용서 전문 출판 임프린트

가치 있는 콘텐츠와 사람
꿈꾸던 미래와 현재를 잇는 통로

Tel : 02-333-3577
E-mail : dodreamedia@naver.com

㈜두드림미디어 카페
https://cafe.naver.com/DODREAMEDIA